CECIL McBEE

Study Collection

中1 ♥ 改訂版

セシルマクビー スタディコレクション

英語 数学 国語 理科 社会

for First-Year
Junior High School Students

Gakken

About this book　この本の特長

人気ファッションブランド「CECIL McBEE」とコラボした学習参考書だよ。
飽きずに勉強できる工夫が盛りこまれているから，楽しく勉強できるよ。

CECIL McBEEって？

あるときはキュートに，カジュアルに，セクシーに……。
トレンドをとり入れつつ，今の自分にあった魅力的なアイテムやファッションを身につけたい。
そんなみんなの希望をかなえるために，おしゃれでかわいいアイテムやファッションのスタイルを提案するブランドが CECIL McBEE だよ。

どんな本？ どう使う??

中1の5教科の大切な内容が1冊にぎゅっとまとまっているよ。イラストが多くてさくさく読めるから，授業の予習や復習，テスト前の要点チェックにぴったりだよ。
コンパクトなサイズだから，かばんに入れて持ち歩いて，休み時間や電車での移動時間など，好きなときに使ってね。

何がついているの？

「自由にカスタマイズしてね。」セシルベア

1 リバーシブルカバー
〈裏〉〈表〉

表と裏でちがうデザインになっているよ。その日の気分で好きな方を使ってね♪

2 シール

インデックスシール，名前シール，ミニシールの3種類。

3 スタディプランニングノートブック

1日の勉強の記録をつけられるよ。目標を立てて取り組んでみてね。

How to use 使ってみよう

 まとめのページ

♡ 要点をチェック！

授業やテストでよく出る，大切な内容ばかりがぎゅっとまとまっているよ。

♡ 図やイラストがいっぱい

かわいくてわかりやすいから，飽きずに読めるよ。

♡ 会話形式の解説でしっかり理解！

セシルベアとガールズの会話を読むと，要点がもっとよくわかるよ。

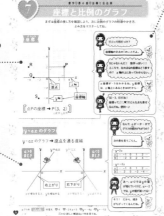

♡ チェック問題もあるよ

最後に力試し。このページの内容を理解できたかどうか，チェックできるよ。

 チェックテスト **Check Test**

教科別に確認問題がついているよ。問題は定期テストの点数に直結するものばかり。巻末には解説もあるよ。これでテストもこわくない♪

 ガールズライフコラム **Girl's Life Column**

教科別のコラムもあるよ。その教科を身近に感じられる話題が載っているから，苦手な教科も好きになれるかも?!

Contents 目次

この本の特長と使い方 ·· **2**

English 英語

⭐ アルファベット ·· **10**
⭐ 数・序数 ··· **11**
⭐ 曜日・月 ··· **12**
⭐ 季節・天気 ··· **13**
⭐ 体・ファッション ··· **14**
⭐ ホビー ··· **15**
⭐ 小学校の英語の復習 ··· **16**

第1章　be動詞
① be 動詞① ·· **18**
② be 動詞② ·· **20**

第2章　一般動詞
③ 一般動詞① ··· **22**
④ 一般動詞② ··· **24**
⑤ 一般動詞③ ··· **26**

第3章　代名詞
⑥ 代名詞 ··· **28**

第4章　疑問詞・名詞の複数形
⑦ 疑問詞① ··· **30**
⑧ 疑問詞② ··· **32**
⑨ 名詞の複数形 ··· **34**

第5章　命令文
⑩ 命令文 ··· **36**

第6章　現在進行形
⑪ 現在進行形 ··· **38**

第7章　canの文
⑫ can の文 ··· **40**

第8章　過去の文

⑬ 過去の文① ……………………………… 42

⑭ 過去の文② ……………………………… 44

⑮ 過去の文③，過去進行形 ……………… 46

第9章　会話表現

⑯ 会話表現 ………………………………… 48

⭐ 不規則動詞の語形変化表 ……………… 52

✏ チェックテスト ………………………… 54

♥ Girl's Life Column ……………………… 58

第1章　正負の数

① 正負の数の計算① ……………………… 60

② 正負の数の計算② ……………………… 62

第2章　文字と式

③ 文字式の表し方 ………………………… 64

④ 文字式の計算 …………………………… 66

第3章　方程式

⑤ 方程式 …………………………………… 68

第4章　比例と反比例

⑥ 関数と比例 ……………………………… 70

⑦ 座標と比例のグラフ …………………… 72

⑧ 反比例 …………………………………… 74

第5章　平面図形

⑨ 平面図形 ………………………………… 76

第6章　空間図形

⑩ 空間図形 ………………………………… 78

⑪ 立体の表面積と体積 …………………… 80

第7章　データの分析

⑫ データの分析と確率 …………………… 82

✏ チェックテスト ………………………… 84

⭐ 中1数学　重要ポイントのまとめ …… 88

♥ Girl's Life Column ……………………… 90

Math

数学

Science 理科

第1章　いろいろな生物と共通点

1 植物のからだのつくり ……………… 92

2 植物の分類 ……………………………… 94

3 動物の分類・水中の小さな生物 ……… 96

第2章　身のまわりの物質

4 物質の性質 ……………………………… 98

5 状態変化 ……………………………… 100

6 気体 …………………………………… 102

7 水溶液 ………………………………… 104

第3章　身のまわりの現象

8 光の性質 ……………………………… 106

9 音 ……………………………………… 108

10 力 ……………………………………… 110

第4章　大地の変化

11 火山・火成岩 ………………………… 112

12 地震 …………………………………… 114

13 地層 …………………………………… 116

✎ チェックテスト ……………………… 118

♥ Girl's Life Column …………………… 122

第1章　地理：世界の姿／日本の姿

1 世界の姿① ………………………… 124

2 世界の姿② ………………………… 126

3 日本の範囲 ………………………… 128

4 時差，都道府県と地域区分 ……… 130

5 世界各地の人々の生活と環境① … 132

6 世界各地の人々の生活と環境② … 134

第2章　地理：世界の諸地域

7 アジア州① ………………………… 136

8 アジア州②，ヨーロッパ州① …… 138

9 ヨーロッパ州② …………………… 140

10 アフリカ州 ………………………… 142

11 北アメリカ州 ……………………… 144

12 南アメリカ州 ……………………… 146

Social Studies 社会

⑬ オセアニア州 ……………………… **148**

第3章 歴史：古代までの日本（旧石器時代〜古墳時代）

⑭ 文明のおこり ……………………… **150**

⑮ 日本の成り立ち …………………… **152**

第4章 歴史：古代までの日本（飛鳥時代〜平安時代）

⑯ 聖徳太子の政治と大化の改新 ……… **154**

⑰ 奈良の都と天平文化 ……………… **156**

⑱ 平安京と国風文化 ………………… **158**

第5章 歴史：中世の日本（鎌倉時代〜室町時代）

⑲ 鎌倉幕府の成立と元寇 …………… **160**

⑳ 室町幕府と応仁の乱 ……………… **162**

▨ チェックテスト …………………… **164**

♥ Girl's Life Column ……………… **168**

第1章 漢字・語句

① 漢字の部首・筆順 …………………… **170**

② 熟語の構成 …………………………… **172**

第2章 文法

③ 言葉の単位 …………………………… **174**

④ 文節どうしの関係 …………………… **176**

⑤ 文の成分 ……………………………… **178**

⑥ 品詞の分類 …………………………… **180**

⑦ 名詞・接続詞 ………………………… **182**

⑧ 副詞・連体詞・感動詞 ……………… **184**

⑨ 敬語 …………………………………… **186**

第3章 古典

⑩ 歴史的仮名遣い・係り結び ………… **188**

▨ チェックテスト ……………………… **190**

♥ Girl's Life Column ………………… **194**

Japanese

国語

▨ 答えと解説

………………… **195**

CECIL Bear&Girls セシルベア＆ガールズ

LET'S STUDY!

I ♡ CECIL

HELLO!

HI!

みんなの勉強をサポートするメンバーだよ。
一緒に楽しんで勉強しよう♪

英語　数学　理科　社会　国語

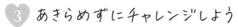

♡中学生活を満喫するコツ♡

1 時間をうまく使おう

短い時間で集中することが大事！　すきま時間を使ったり，スケジュールを立てたりして勉強もおしゃれもパーフェクトになっちゃおう！

2 得意なものを見つけよう

勉強で，好きなこと，得意なことを見つけよう。それがみんなの自信になり，苦手なことにも向かっていく原動力になるよ。

3 あきらめずにチャレンジしよう

難しくても，結果がすぐに出なくても，あきらめないで！　勉強も部活も恋も，今精一杯頑張ることは，みんなの将来の可能性を広げてくれるよ。

CECIL McBEE
Study Collection

English

英語の勉強が始まるよ。

アルファベット

大文字	小文字			
A a	B b	C c	D d	E e
F f	G g	H h	I i	J j
K k	L l	M m	N n	♥
O o	P p	Q q	R r	S s
T t	U u	V v	W w	X x
Y y	Z z	♥	♥	♥

1 one	2 two	3 three	4 four	5 five	6 six
7 seven	8 eight	9 nine	10 ten	11 eleven	12 twelve
13 thirteen	14 fourteen	15 fifteen	16 sixteen	17 seventeen	
18 eighteen	19 nineteen	20 twenty	21 twenty-one	22 twenty-two	
30 thirty	40 forty	50 fifty	60 sixty	70 seventy	
80 eighty	90 ninety	100 one hundred	♥	♥	

序数は、「○番目」と言うときに使うよ。日付を言うときにも使うんだ。

序数

first	1番目	second	2番目	third	3番目
fourth	4番目	fifth	5番目	sixth	6番目
seventh	7番目	eighth	8番目	ninth	9番目
tenth	10番目	eleventh	11番目	twelfth	12番目
thirteenth	13番目	fourteenth	14番目	fifteenth	15番目
sixteenth	16番目	seventeenth	17番目	eighteenth	18番目
nineteenth	19番目	twentieth	20番目	twenty-first	21番目

曜日・月

Sunday 日曜日	Monday 月曜日	Tuesday 火曜日	Wednesday 水曜日	Thursday 木曜日	Friday 金曜日	Saturday 土曜日
Shopping	Piano Lesson	Walk with Choco	Library	Math Test	Tennis Match	DVD

January 1月

February 2月

March 3月

April 4月

June 6月

May 5月

July 7月

August 8月

September 9月

October 10月

November 11月

December 12月

季節・天気

spring 春

rainy 雨の

warm 暖かい

summer 夏

sunny 晴れた

windy 風の強い

hot 暑い

fall 秋

cloudy 曇りの

cool 涼しい

winter 冬

cold 寒い

snowy 雪の

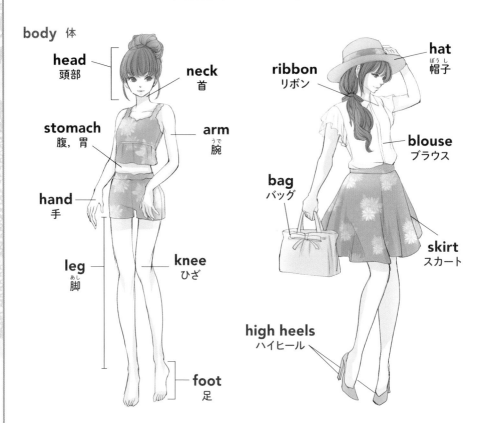

body 体

head
頭部

neck
首

stomach
腹, 胃

arm
腕

hand
手

leg
あし
脚

knee
ひざ

foot
足

ribbon
リボン

hat
ぼうし
帽子

blouse
ブラウス

bag
バッグ

skirt
スカート

high heels
ハイヒール

face 顔

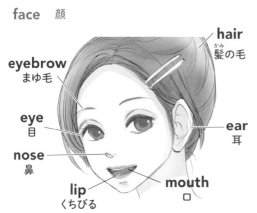

hair
かみ の け
髪の毛

eyebrow
まゆ毛

eye
目

nose
鼻

lip
くちびる

ear
耳

mouth
口

cap	（ふちのない）帽子
T-shirt	Tシャツ
sweater	セーター
jacket	ジャケット
pants	パンツ, ズボン
jeans	ジーンズ
shoes	くつ 靴
boots	ブーツ

ホビー

sports	スポーツ
tennis	テニス
basketball	バスケットボール
volleyball	バレーボール
soccer	サッカー
baseball	野球
swimming	水泳

music	音楽
pop music	ポップス
rock music	ロック
hip-hop	ヒップホップ
classical music	クラシック
band	バンド
concert	コンサート

reading	読書
novel	小説
mystery	ミステリー
romance	恋愛小説
comic book	マンガ
magazine	雑誌
e-book	電子書籍

小学校の英語の復習

自己紹介のしかたなど，小学校で習った表現を復習しよう。

自己紹介の文

> 相手に「～できる？」と聞きたいときは，Can you ～?と言えばいいんだよ。

I'm ～. I'm Ami. （私は亜美です。）

> I amの短縮形。

I like ～. I like cats. （私はネコが好きです。）

I can ～. I can dance well. （私は上手に踊れます。）

> canのあとに動詞がくる。

> 「～できない」と言うときはI can't ～.を使うよ。

友達や家族を紹介する文

is の文 This is my friend, Eri. （こちらは私の友達の絵里です。）

She is kind. （彼女は親切です。）

> 「彼は～です」ならHe is ～.

can の文 She can sing well. （彼女は上手に歌えます。）

Can she cook?
― Yes, she can.

> 「いいえ」なら，No, she can't.

（彼女は料理ができますか。
―はい，できます。）

いつ？ When is your birthday?－My birthday is May 10.

「いつ？」はwhen。

（あなたの誕生日はいつですか。―私の誕生日は5月10日です。）

どこ？ Where is my bag?― It's on the sofa.

「どこ？」はwhere。

（私のかばんはどこにありますか。―ソファの上です。）

何の〜？ What fruit do you like?― I like strawberries.

「何の〜？」はwhat 〜。

（あなたはどんな果物が好きですか。―私はイチゴが好きです。）

「私は〜したい」の文

What do you want to be?
（あなたは何になりたい？）

〜したい I want to go to France.

want to 〜は「〜したい」という意味。

（私はフランスへ行きたいです。）

I want to be a fashion designer.

（私はファッションデザイナーになりたいです。）

「私は〜しました」などの文

〜した I went to the beach. （私はビーチへ行きました。）

「〜した」を表す形を使う。

I enjoyed swimming. （私は泳ぐことを楽しみました。）

It was fun. （楽しかったです。）

17

be動詞①

be動詞は，「○○は〜です」や「○○は〜にいます」などと言うときに使うよ。

be動詞の文

基本は〔主語+be動詞 〜.〕の形！
（am/are/is）

ふつうの文 I am Saori. （私は沙織です。）

be動詞。前後をイコール「＝」で結ぶ働き。

I = Saori
ってことだね。

否定文 I'm not an elementary school student.

（私は小学生ではありません。）

be動詞のあとにnot。

★ くわしく
is not = isn't, are not = aren't
という短縮形もあるよ。ただし，am not
の短縮形はないので注意！

疑問文 Are you in Shibuya? （あなたは渋谷にいますか。）

be動詞で文を始める。

答えるときもbe動詞を使う
よ。「いいえ」の答えは，
No, I'm not. と言うよ。

— Yes, I am. （はい，います。）

★三★三★三★三★三★三★三★三★三★三★三★三★三★三★三★三★三★三★

be動詞の使い分け

★ 主語が I　　　　▶ am

★ 主語が you や複数 ▶ are

★ 主語が he, she, this など ▶ is

〈主語＋be動詞〉の短縮形

★ I am ▶ I'm　　　　★ it is ▶ it's

★ you are ▶ you're　　★ we are ▶ we're

★ he is ▶ he's　　　　★ they are ▶ they're

★ she is ▶ she's

I'm sleepy.
（眠いなあ。）

Are they sisters?
（彼女たちって姉妹なの？）

— No, they're not.
（ううん，違うよ。）

Mr. Smith isn't from Canada.
（スミス先生はカナダ出身じゃないよ。）

check! 英語で言ってみよう ♥ ♥ ♥

▼ 答えは p.20 だよ。

1 おなかすいたなぁ。

2 あなたは13歳？

2

be動詞②

近くにあるものについて「これは〜です」,
遠くにあるものについて「あれは〜です」と言うときの表現だよ。

This is 〜. / That is 〜. の文

> 「これは〜です」は〚 This is 〜. 〛
> 「あれは〜です」は〚 That is 〜. 〛

ふつうの文 **This is my bike.**
（これは私の自転車です。）

> This is Lisa.（こちらはリサです。）のように，人を紹介するときにもThis is 〜.を使うよ。

That's our school. （あれは私たちの学校です。）

> that is はよくthat'sと短縮される。

This shirt is cute. （このシャツはかわいいです。）

> thisには 「この」 という意味もある。

> that にも「あの」という意味があるよ。

否定文 **This is not my book.** （これは私の本ではありません。）

> isのあとにnot。isn'tもよく使われる。

疑問文 **Is that a hospital?** （あれは病院ですか。）

> Isで文を始める。

— Yes, it is. （はい，そうです。）

> 答えではitを使う。

— No, it isn't. （いいえ，違います。）

> = No, it's not.

p.19の **check!** の答え ❶ I'm [I am] hungry. ❷ Are you thirteen (years old)?

Tea Break
こんなときに使っちゃおう ♥

That is a museum.
（あれは美術館だよ。）

That's cool!
（あれ, かっこいいね!）

Is this your notebook?
（これはあなたのノート?）

— Yes, it is.
（うん, そうだよ。）

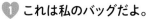

check! 英語で言ってみよう ♥ ♥ ♥

答えは p.22 だよ。

1 これは私のバッグだよ。

2 あれは直美かな?

3 一般動詞①

「○○は〜します」と動作を表すときは，be動詞ではなく「一般動詞」を使うよ。

一般動詞の文

動詞は主語のすぐあと！

ふつうの文 **I play tennis.** （私はテニスをします。）

> 動詞は主語のすぐあと。

> 「〜を」にあたる目的語は，動詞のあとにくるよ。

否定文 **I don't like snakes.** （私はヘビが好きではありません。）

> 動詞の前にdon't。

> くわしく
> don't は do not の短縮形だよ。

疑問文 **Do you have a smartphone?**

（あなたはスマートフォンを持っていますか。）

> Doで文を始める。

— Yes, I do. （はい，持っています。）

— No, I don't. （いいえ，持っていません。）

> 答えでもdoを使う。Noの答えではdon't。

いろいろな一般動詞

★ play	(スポーツを)する，(楽器を)演奏する		★ like	好む
★ have	持っている，(きょうだい・ペットが)いる		★ live	住んでいる
★ study	勉強する	★ know　知っている	★ go　行く	★ come　来る
★ eat	食べる	★ watch　(テレビなどを)見る	★ read　読む	★ write　書く

p.21 の *check!* の答え ❶ This is my bag. ❷ Is that Naomi?

Tea Break
こんなときに使っちゃおう♥

ちょっと聞いていい？

ん, 何？

Do you know Aoki-kun?
（青木くん知ってる？）

Yes, I do.
（うん, 知ってるよ。）
同じクラスだからね。なんで？

I like him.
（彼のこと好きなんだ。）

へぇ〜♡

応援するよ♥

check! 　英語で言ってみよう ♥ ♥ ♥　　　答えは p.24 だよ。

① 私, 犬を1匹飼ってる (have) んだ。

② 動物 (animals) が好きなの？

23

一般動詞②

「○○は～します」と言うとき，主語が3人称単数
（I，you以外の単数の人やもの）の場合は動詞の形が少し変わるよ。

一般動詞の文（主語が3人称単数）

主語が3人称単数のときは，〖動詞に s〗！
（I，you 以外の単数）

~s Mao plays the piano. （真央はピアノを弾きます。）

> 動詞の最後にsをつける。

 くわしく
動詞につけるsを「3単現のs」と言うことがあるよ。「3単現」とは「3人称単数・現在形」の略なんだ。

> 3単現の s のつけ方には，いくつかのパターンがあるよ。

~es He watches TV every morning. （彼は毎朝テレビを見ます。）

> 最後にesがつく動詞。

~ies Mike studies Japanese. （マイクは日本語を勉強しています。）

> 最後の y を ies に変える動詞。

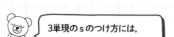

3単現の s のつけ方

1 sをつける　　　speak (話す) ▶ speaks　　eat (食べる) ▶ eats　　like (好む) ▶ likes

2 esをつける　　watch (見る) ▶ watches　go (行く) ▶ goes　　wash (洗う) ▶ washes

3 yをiesに変える　study (勉強する) ▶ studies　try (試みる) ▶ tries

4 特別な形になる　have (持っている) ▶ has

p.23 の check! の答え 1 I have a[one] dog. 2 Do you like animals?

Ono-kun likes music.
（小野くんは音楽が好きなんだよ。）

Sakura has a cat.
（さくらはネコを飼っているよ。）

My sister goes to school by bike.
（私の姉は自転車で通学してるんだ。）

---

check! 英語で言ってみよう ♥ ♥ ♥

答えは p.26 だよ。

1 ベイカー先生（Ms. Baker）は日本語を話すよ。

2 お父さんは毎週日曜日に（every Sunday）車を洗うよ。

5

一般動詞③

「○○は〜しません」「○○は〜しますか」と言うとき，主語が3人称単数（I，you以外の単数の人やもの）の場合はdoの代わりにdoesを使うよ。

一般動詞の否定文・疑問文（主語が3人称単数）

否定文はdoesn't，疑問文はDoesを使う！

否定文 **He doesn't have any brothers.**

（彼には兄弟がいません。）

動詞の前にdoesn't。動詞は原形。

「原形」は，sやesなどのつかない，もとの形のことだよ。

＜くわしく＞
doesn't は does not の短縮形だよ。

疑問文 **Does Mr. Mori teach math?**

（森先生は数学を教えているのですか。）

Doesで文を始め，動詞は原形。

— Yes, he does. （はい，そうです。）

答えでもdoesを使う。

森先生，ちょっとキビシイんだよね…。

— No, he doesn't. （いいえ，違います。）

Noの答えではdoesn't。

★≡★≡★≡★≡ ★≡ ★≡★≡★≡★≡ ★≡ ★≡★≡★≡ ★

一般動詞の否定文

I, You, 複数の主語	don't
3人称単数の主語	doesn't

動詞の原形 〜.

一般動詞の疑問文

Do	I, you, 複数の主語	
Does	3人称単数の主語	

動詞の原形 〜?

p.25 の *check!* の答え ❶Ms. Baker speaks Japanese. ❷My father washes his car every Sunday.

Tea Break
こんなときに使っちゃおう♥

Does Kato-kun play soccer well?
（加藤くんはサッカーが上手なの？）

— Yes, he does.
（うん，上手だよ。）

But he doesn't play baseball well.
（でも野球はうまくないんだ。）

He doesn't like it.
（彼はそれは好きじゃないよ。）

---

check! 英語で言ってみよう ♥ ♥ ♥

答えはp.28だよ。

1 美咲は自転車で (by bike) 学校へ来るの？

2 彼女は自転車を持ってないよ。

27

6 代名詞

Iや you，sheなどを「代名詞」と言うよ。
すでに出た名詞をくり返さずに，その名詞の代わりに使うよ。

代名詞

代名詞は文中での働きによって形が変わる！

「〜は」の代名詞
Eri is a junior high school student.
She plays tennis.

「彼女は」…主語になる。

（絵里は中学生です。彼女はテニスをします。）

「〜の」の代名詞
Her racket is new.　（彼女のラケットは新しいです。）

「彼女の」…あとに名詞が続く。

「〜を」の代名詞
Yuta likes her.　（勇太は彼女のことが好きです。）

「彼女を」…目的語になる。

I can go with her.

前置詞のあとも「彼女を」の形。

（私は彼女と行けます。）

くわしく
上の例文中や下の表の代名詞のほか、近くのものを指すthis（これ）や、遠くのものを指すthat（あれ）も代名詞だよ。

代名詞の形を下の表でチェック！

	単 数					複 数			
	〜は, が	〜の	〜を, に	〜のもの		〜は, が	〜の	〜を, に	〜のもの
私	I	my	me	mine	私たち	we	our	us	ours
あなた	you	your	you	yours	あなたたち	you	your	you	yours
彼	he	his	him	his	彼ら				
彼女	she	her	her	hers	彼女たち	they	their	them	theirs
それ	it	its	it	——	それら				

p.27の check! の答え ❶Does Misaki come to school by bike?
❷She doesn't[does not] have a bike.

His name is Tom.

（彼の名前はトムだよ。）

HELLO!

Mr. Brown often has lunch with us.

（ブラウン先生はよく私たちとお昼を食べるよ。）

Is this your bag?

（これ, あなたのかばん？）

— Yes, it's mine.

（うん, 私のだよ。）

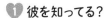

check! 英語で言ってみよう ♥ ♥ ♥

答えは p.30 だよ。

1 彼を知ってる？

2 うん。彼は私のクラスメートだよ。

7 疑問詞①

「何？」や「どう？」「どうやって？」などとたずねるときの言い方だよ。

What, How の疑問文

```
「何？」は〚What ～?〛
「どう？」「どうやって？」は〚How ～?〛
```

What の文 **What is this?** （これは何ですか。）

「何？」という意味。

★くわしく
What is ～? で「～は何ですか」という意味だよ。What is の短縮形は What's。

What time is it? （何時ですか。）

「何時？」という意味。

How の文 **How is the weather?** （天気はどうですか。）

「(様子・調子は)どう？」という意味。

★くわしく
How is ～? で「～はどうですか」という意味だよ。How is の短縮形は How's。

How old is your brother?

（あなたのお兄さん[弟さん]は何歳ですか。）

「何歳？」という意味。

★ニ★ニ★ニ★ニ★ニ★ニ★ニ★ニ★ニ★ニ★ニ★ニ★ニ★ニ★ニ★ニ

いろいろなWhat ～?

- ★ What time ～?　何時(に)～?
- ★ What day ～?　何曜日～?
- ★ What sport(s) ～?　何のスポーツ～?
- ★ What subject(s) ～?　何の教科～?

いろいろなHow ～?

- ★ How old ～?　何歳～?
- ★ How many ～?　(数が)いくつ(の)～?
- ★ How long ～?　どのくらい長い[長く]～?
- ★ How much ～?　(値段・量が)いくら(の)～?

p.29 の check! の答え ❶Do you know him? ❷Yes(, I do). He's[He is] my classmate.

Tea Break
こんなときに使っちゃおう♥

What do you usually do on Sundays?
（日曜にはふつう，何をするの？）

ピアノのレッスンに行くんだ。

What time does it begin?
（それって何時に始まるの？）

朝の9時。

えっ，早いね。(｀ロ´)!!
How long is it?
（どのくらい長いの？）

1時間半くらいかなー。

---

check!　英語で言ってみよう ♥ ♥ ♥　　答えは p.32 だよ。

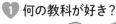

1 何の教科が好き？

2 CD（CDs）何枚持ってる？

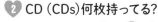

8 疑問詞②

「いつ？」や「どこ？」などとたずねるときの言い方だよ。

When, Whereなどの疑問文

「いつ？」「どこ？」などは疑問詞で文を始める！
（when, where, who, which など）

「いつ？」 When is your soccer game?

「いつ？」という意味。

（あなたたちのサッカーの試合はいつですか。）

☆くわしく
一般動詞の場合は、When などのあとに do you ～?などの疑問文が続くよ。

「どこ？」 Where do you live? （あなたはどこに住んでいますか。）

「どこ？」という意味。

「誰？」 Who is Shiori? （詩織とは誰ですか。）

「誰？」という意味。

☆くわしく
一般動詞の場合は、Who teaches P.E.?（誰が体育を教えていますか。）のように、Who を主語にしてそのまま動詞を続けるよ。Who は3人称単数扱いだよ。

「どちら？」 Which is your desk? （どちらがあなたの机ですか。）

「どちら（の）？」という意味。

「誰の？」 Whose umbrella is this? （これは誰の傘ですか。）

「誰の？」という意味。

「なぜ？」 Why does Ken come to school early?

「なぜ？」という意味。

（なぜ健は早く学校に来るのですか。）

p.31の check! の答え ❶What subject(s) do you like? ❷How many CDs do you have?

こんなときに使っちゃおう♡

Where is Mari?
（麻里はどこかな？）

— She's in the gym.
（体育館だよ。）

When do you usually do your homework?
（ふだん，いつ宿題をしているの？）

— After dinner.
（夕食後だよ。）

Whose uniform is that?
（あれ，誰の制服？）

— It's mine.
（私の。）

---

check! 英語で言ってみよう ♥ ♥ ♥　　　答えは p.34 だよ。

1 誕生日はいつ？

2 あの女の子は誰？

名詞の複数形

数えられる名詞が2つ以上ある場合は，複数形という形にするよ。

名詞の複数形

複数形の基本は〔名詞に s〕！

1つのとき I have a dog. （私は犬を1匹飼っています。）

1つのときは前に a。

★ くわしく
名詞が母音（ア，イ，ウ，エ，オ に似た音）で始まる語の場合は， a の代わりに an を使うよ。

2つ以上のとき I have two dogs. （私は犬を2匹飼っています。）

2つ以上のときは名詞に s をつける。

 名詞の複数形は s をつけるのが基本だけど，複数形の作り方にはいくつかのパターンがあるよ！ 下を見てね。

数えられない名詞のとき I want some water. （私は水が欲しいです。）

数えられない名詞は複数形にせず，a もつかない。

★ミ☆ミ★ミ★ミ★ミ★ミ★ミ★ミ★ミ★ミ★ミ★ミ★ミ★ミ★ミ★

複数形の作り方

① **sをつける** apple (リンゴ) ▶ apples　pencil (鉛筆) ▶ pencils

② **esをつける** watch (腕時計) ▶ watches　class (授業・クラス) ▶ classes

③ **yをiesに変える** city (都市) ▶ cities　country (国) ▶ countries

④ **不規則に変化する** man (男性) ▶ men　woman (女性) ▶ women　child (子ども) ▶ children

　p.33 の **check!** の答え ① When is your birthday?　② Who is that girl?

Tea Break

こんなときに使っちゃおう ♥

Three hamburgers, please.

（ハンバーガーを３つください。）

How many watches do you have?

（腕時計, いくつ持ってるの?）

― Two. （２つだよ。）

Do you see the women over there?

（あそこの女性たちが見える?）

---

check! 英語で言ってみよう ♥ ♥ ♥

答えは p.36 だよ。

1 私たちはリンゴが３つ必要だ（need）よ。

2 今日は授業が５時間ある（have）んだ。

10 命令文

「〜しなさい」と指示する言い方や，「〜しましょう」と誘う言い方だよ。

いろいろな命令文

「〜しなさい」は〚 動詞で文を始める 〛！
「〜しましょう」は〚 Let's 〜. 〛！

ふつうの命令文

Look at me. （私を見なさい。）

動詞で文を始める。

授業で先生がよく言う表現だね。

Please look at me. （私を見てください。）

「どうぞ（〜してください）」

★ くわしく
pleaseをつけると，命令の調子をやわらげることができるよ。pleaseは文の最初にも最後にも置くことができるんだ。
・Look at me, please.（私を見てください。）

否定の命令文

Don't run here. （ここで走ってはいけません。）

「〜するな」「〜してはいけません」はDon'tで文を始める。

be動詞の命令文

Be careful. （注意しなさい。）

Beで文を始める。

「注意深くありなさい。
＝注意しなさい。」ということだね。

Don't be late. （遅れてはいけません。）

be動詞の否定の命令文もDon't 〜. の形。

「〜しましょう」の文

Let's go shopping. （買い物に行きましょう。）

「〜しましょう」

p.35の check! の答え ❶We need three apples. ❷I [We] have five classes today.

Tea Break
こんなときに使っちゃおう ♥

Use my dictionary.
(私の辞書, 使って。)

場面や口調で「(どうぞ)〜して」といった感じにもなるよ。

Let's have lunch!
(お昼を食べようよ!)

Don't be shy!
(恥ずかしがらないで!)

---

check! 英語で言ってみよう ♥ ♥ ♥

答えは p.38 だよ。

1 こっちへ来て。

2 図書室へ行こうよ。

11 現在進行形

「〜しています」というように，今まさに進行中の動作を表す言い方だよ。

現在進行形の文

「〜しています」は [be動詞＋動詞のing形] ！
(am/are/is) （動詞に ing をつけた形）

ふつうの文 I'm cleaning my room. （私は部屋を掃除しているところです。）

be動詞+動詞のing形。

否定文 Ken isn't sleeping. （健は眠っていません。）

be動詞のあとにnot。

isn't は is not の
短縮形だね。

疑問文 Are you watching TV? （あなたはテレビを見ているのですか。）

be動詞で文を始める。

答え方はbe動詞の
疑問文と同じだよ。

What is he making? （彼は何を作っているのですか。）

疑問詞で始め，あとは is[are] 〜?の疑問文。

★ミ★ミ★ミ★ミ★ミ★ミ★ミ★ミ★ミ★ミ★ミ★ミ★ミ★ミ★

ing形の作り方

❶ そのままingをつける

★ **read** (読む) ▶ reading

★ **talk** (話す) ▶ talking

★ **wait** (待つ) ▶ waiting

❷ 最後のeをとってing

★ **write** (書く) ▶ writing

★ **use** (使う) ▶ using

★ **have** (食べる) ▶ having

❸ 最後の1字を重ねてing

★ **run** (走る) ▶ running

★ **swim** (泳ぐ) ▶ swimming

★ **sit** (座る) ▶ sitting

p.37 の *check!* の答え ❶ Come here. ❷ Let's go to the library.

What are you doing?
（何してる？）

I'm reading a magazine.
（雑誌を読んでるとこだよー。）

そっちは？

I'm doing my homework.
（宿題してるとこ。）

えらい！

で、宿題で聞きたいことあるんだけどー。

え、まだやってないよ (^▽^)

check! 英語で言ってみよう ♥ ♥ ♥

答えは p.40 だよ。

1 私たち，バス (the bus) を
待って (wait for) るんだ。

2 何を探して (look for) るの？

12 canの文

「〜できます」や，「〜してもいいですか」「〜してもらえますか」とたずねる言い方だよ。

「〜できます」の文

「〜できます」は〔 can ＋動詞の原形 〕！
（s などがつかない，もとの形）

ふつうの文 I can play the guitar.
（私はギターを弾くことができます。）

動詞の前にcan。

★POINT!
主語が3人称単数でも，can のあとの動詞に
s はつけないよ。
・He can swim fast. （彼は速く泳げます。）

否定文 Yuta can't swim.
（勇太は泳げません。）

動詞の前にcan't。

書き言葉では cannot も
よく使われるよ。

疑問文 Can you read Chinese?
（あなたは中国語を読めますか。）

Canで文を始める。

can を使って
答えるんだね。

— Yes, I can.／No, I can't.

（はい，読めます。／いいえ，読めません。）

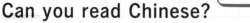

許可を求める文・依頼する文

許可を求める文 Can I use this?　（これを使ってもいいですか。）

Can I 〜?で「〜してもいいですか」。

依頼する文 Can you help me?　（私を手伝ってくれますか。）

Can you 〜?で「〜してくれますか」。

 p.39 の check! の答え ❶ We're[We are] waiting for the bus. ❷ What are you looking for?

Mr. Smith can speak Japanese.
（スミス先生は日本語を話せるんだよ。）

I can't touch it!
（触れないよ！）

Can you open the door?
（ドア，開けてくれる？）

---

check! 英語で言ってみよう ♥ ♥ ♥

答えは p.42 だよ。

❶ 彼女，すごくうまくスケートを滑れ (skate) るよ。

❷ あなたのペン，使っていい？

13 過去の文①

「〜しました」など，過去のできごとや状態を言うときに使うよ。

過去の文（一般動詞）

過去の文は，〔動詞の過去形〕を使う！

ふつうの文 I watched a drama last night.

動詞の過去形

（私は昨日の夜，ドラマを見ました。）

否定文 I didn't call Yui. （私は結衣に電話しませんでした。）

動詞の前にdidn't。動詞は原形。

疑問文 Did you enjoy your trip? （あなたは旅行を楽しみましたか。）

Didで文を始め，動詞は原形。

答えるときも did や didn't を使うよ。

— Yes, I did. （はい，楽しみました。）

— No, I didn't. （いいえ，楽しみませんでした。）

★彡★彡★彡★彡 ★彡★彡★彡★彡★彡

go（行く）→ went など，不規則に変化する動詞もあるよ。p.52-53で1つ1つ覚えよう。

過去形の作り方（規則動詞）

❶ ed をつける　　　　 look（見る）▶ looked　　　 play《スポーツを》する）▶ played

❷ d だけをつける　　　 live（住む）▶ lived　　　　 like（好む・気に入る）▶ liked

❸ y を ied に変える　　 study（勉強する）▶ studied　 cry（泣く）▶ cried

❹ 最後の1字を重ねて ed　stop（止める）▶ stopped　　 plan（計画する）▶ planned

p.41の check! の答え ❶ She can skate very well. ❷ Can I use your pen?

まだ起きてるー？

起きてるよー。

Did you go shopping yesterday?
(昨日，買い物に行ったの?)

うん，行ったよ。

Did you buy anything?
(何か買った?)

ずーん

No. I didn't find anything good.
(ううん。いいものが何も見つからなかったんだ。)

そっか。じゃ今度の週末，
別のお店に行こうよ。

---

check!　英語で言ってみよう ♥ ♥ ♥

♥答えは p.44 だよ。

① 昨日，英語を勉強したよ。

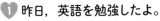

② この前の日曜日 (last Sunday)，
テニスをした?

43

14 過去の文②

「何を〜しましたか」や「どこで〜しましたか」などとたずねるときの言い方だよ。

疑問詞で始まる過去の疑問文

> 疑問詞で始まる過去の疑問文は，
> [疑問詞 + did 〜?] で表す！

What の文 What did you do last Saturday?

Whatのあとにdid 〜?

（この前の土曜日に何をしましたか。）

— I went shopping with Yumi.

動詞の過去形で答える。

（優美と買い物に行きました。）

Where の文 Where did Naoki go yesterday?

Whereのあとにdid 〜?

（直樹は昨日どこへ行ったのですか。）

— To Tokyo Dome. （東京ドームです。）

When の文 When did Lisa come to Japan?

Whenのあとにdid 〜?

（リサはいつ日本に来たのですか。）

— Three months ago. （3か月前です。）

★ミ★ミ★ミ★ミ★ミ★ミ★ミ★ミ★ミ★ミ★ミ★ミ★ミ★ミ★ミ★ミ★ミ

過去を表す語句

★yesterday 昨日 ★yesterday morning 昨日の朝

★last 〜 この前の〜 ★last night 昨夜 ★last week 先週

★〜 ago （今から）〜前に ★two days ago 2日前に ★a week ago 1週間前に

p.43 の check! の答え ❶I studied English yesterday. ❷Did you play tennis last Sunday?

Tea Break
こんなときに使っちゃおう♥

How did you get the tickets?
（どうやってそのチケット，手に入れたの？）

— On the internet.
（インターネットで。）

What did he say to you?
（彼，あなたに何て言ったの？）

— He said, "I like you, too."
（「ぼくも君が好きだ」だって。）

---

check! 英語で言ってみよう ♥ ♥ ♥

答えは p.46 だよ。

1 なぜ彼女はあなたに電話した（call）の？

2 昨日の夜，何時に寝た（go to bed）の？

15 過去の文③，過去進行形

「〜でした」「〜にいました」などの過去の状態やどこにいたかなどを言うときや，
「〜していました」と過去のある時点でしていたことを言うときの文だよ。

be動詞の過去の文

be動詞の過去形は〖 wasと were 〗！

ふつうの文 I was busy yesterday. （私は，昨日は忙しかったです。）

> 主語が I なので was。

> **くわしく**
> 主語が I や 3 人称単数のときは was，
> You や複数のときは were を使うよ。

否定文 We weren't at home then. （私たちはそのとき，家にいませんでした。）

> was，were のあとに not。

> 短縮形は，
> was not → wasn't
> were not → weren't
> となるよ。

過去進行形の文

〖 was / were ＋動詞の ing 形 〗で表す！
（be 動詞の過去形）　（動詞に ing をつけた形）

ふつうの文 I was listening to music. （私は音楽を聞いていました。）

> was / were のあとに動詞の ing 形。

疑問文 Were you waiting for Misaki? （あなたは美咲を待って
いたのですか。）

> Was / Were で始める。

— Yes, I was. （はい。） / No, I wasn't. （いいえ。）

**疑問詞が
ある場合** What were you doing? （あなたは何をしていましたか。）

> 疑問詞で始め，あとはふつうの疑問文。

p.45 の check! の答え ❶ Why did she call you? ❷ What time did you go to bed last night?

Tea Break
こんなときに使っちゃおう♥

Was it raining this morning?
（今朝は，雨は降ってた？）

— **No, it wasn't. It was cloudy then.**
（降ってなかったよ。
そのときは曇ってたよ。）

How was the event?
（イベントはどうだった？）

— **Everyone was very cute!**
（みんなすごくかわいかった！）

What were you doing at that time?
（あのとき何してたの？）

— **I was watching a movie.**
（映画を見ていたんだ。）

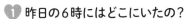
check!　英語で言ってみよう ♥ ♥ ♥

答えは p.48 だよ。

1 昨日の6時にはどこにいたの？

2 ダンススタジオ (the studio)にいたよ。踊ってたよ！

16 会話表現

あいさつや電話での言い方など，さまざまな会話表現だよ。

基本のあいさつ

> **Hello, Yumi.**
> （こんにちは, 優美。）

> **Hello, Mr. Smith.**
> （こんにちは, スミス先生。）

〈朝・昼・晩のあいさつ〉

★ Good morning.　　（おはようございます。）

★ Good afternoon.　（こんにちは。）

★ Good evening.　　（こんばんは。）

> Good night. は「おやすみなさい。」の意味だよ。

> **Bye.**
> （じゃあね。）

> **See you.**
> （またね。）

> Bye. のほかの言い方に Goodbye. があるよ。

p.47 の **check!** の答え　❶ Where were you at six yesterday?　❷ I was in the studio.　I was dancing!

Hello?
(もしもし？)

 Hello, Lisa. This is Mai.
(もしもし, リサ。舞だよ。)

 Hi, Mai. What's up?
(どうも, 舞。どうしたの？)

 **Are you free on Sunday?
Let's go to the movies.**
(日曜日は暇？ 映画に行こうよ。)

 Great. What time?
(いいね。何時にする？)

 How about one?
(1時でどう？)

 OK. See you then.
(オッケー。じゃあ, そのときにね。)

 Great. Bye.
(よかった。じゃあね。)

〈誘うとき・提案するときの表現〉

★ Let's go shopping. — OK, let's.
（買い物に行こうよ。 — オッケー, 行こう。）
★ How about tennis? — Sounds good.
（テニスはどう？ — いいね。）

Excuse me.
Is there a station near here?
（すみません。この近くに駅はありますか。）

 Pardon?
（何て言ったのですか。）

 I'm looking for a station.
（駅を探しているんです。）

 OK, go down this street.
Turn left at the second corner.
You will see it on your right.
（わかりました, この道に沿って行ってください。2番目の角で
左に曲がってください。右手に見えます。）

 Thank you.
（ありがとうございます。）

 You're welcome.
（どういたしまして。）

〈道をたずねるその他の表現〉

★Where's ～?
（～はどこですか。）
★How can I get to ～?
（～へはどのようにして行けますか。）
★Are there any ～?
（～はありますか。）

Sure.
（もちろん。）

Can I borrow your notebook?
（あなたのノート, 借りていい？）

Can you open the window?
（窓を開けてくれる？）

OK.
（いいよ。）

〈お願いへのその他の答え方〉

★ All right. （いいですよ。）

★ Yes, of course. （はい, もちろん。）

★ Sorry, I'm busy right now.
（すみません, 今忙しいんです。）

お願いに応じられないときは, Sorry, と謝ってから, その理由を言うといいんだね。

❤ 不規則動詞の語形変化表 ❤

ここでは，不規則に変化する主な動詞の変化を一覧にしています。
意味と変化形を確認しましょう。

原形	意味	過去形	過去分詞*	ing形
be	〜です	was, were	been	being
become	〜になる	became	become	becoming
begin	始まる	began	begun	beginning
break	壊す	broke	broken	breaking
bring	持ってくる	brought	brought	bringing
build	建てる	built	built	building
buy	買う	bought	bought	buying
catch	捕まえる	caught	caught	catching
choose	選ぶ	chose	chosen	choosing
come	来る	came	come	coming
cut	切る	cut	cut	cutting
do	する	did	done	doing
draw	(絵を)描く	drew	drawn	drawing
drink	飲む	drank	drunk	drinking
drive	運転する	drove	driven	driving
eat	食べる	ate	eaten	eating
fall	落ちる	fell	fallen	falling
feel	感じる	felt	felt	feeling
find	見つける	found	found	finding
fly	飛ぶ	flew	flown	flying
forget	忘れる	forgot	forgot / forgotten	forgetting
get	手に入れる	got	got / gotten	getting
give	与える	gave	given	giving
go	行く	went	gone	going
grow	成長する	grew	grown	growing
have	持っている	had	had	having
hear	聞こえる	heard	heard	hearing
hit	打つ	hit	hit	hitting

＊過去分詞は，2年生で習う受け身や現在完了形で使う変化系です。

原形	意味	過去形	過去分詞	ing形
hold	持つ，開催する	held	held	holding
keep	保つ	kept	kept	keeping
know	知っている	knew	known	knowing
leave	去る	left	left	leaving
lend	貸す	lent	lent	lending
lose	失う	lost	lost	losing
make	作る	made	made	making
mean	意味する	meant	meant	meaning
meet	会う	met	met	meeting
put	置く	put	put	putting
read	読む	read	read	reading
ride	乗る	rode	ridden	riding
run	走る	ran	run	running
say	言う	said	said	saying
see	見る	saw	seen	seeing
sell	売る	sold	sold	selling
send	送る	sent	sent	sending
show	見せる	showed	shown / showed	showing
sing	歌う	sang	sung	singing
sit	座る	sat	sat	sitting
sleep	眠る	slept	slept	sleeping
speak	話す	spoke	spoken	speaking
spend	過ごす	spent	spent	spending
stand	立つ	stood	stood	standing
swim	泳ぐ	swam	swum	swimming
take	取る	took	taken	taking
teach	教える	taught	taught	teaching
tell	伝える，言う	told	told	telling
think	思う，考える	thought	thought	thinking
understand	理解する	understood	understood	understanding
wear	身につけている	wore	worn	wearing
win	勝つ	won	won	winning
write	書く	wrote	written	writing

第1章　be動詞　　復習 p.18-21

★ （　）から最も適するものを選び，記号に○をつけましょう。

□ ❶ You（ア am　イ is　ウ are）our leader.
　　［あなたは私たちのリーダーです。］

□ ❷ Mai（ア am　イ is　ウ are）in the library.
　　［麻衣は図書室にいます。］

□ ❸ I'm（ア not　イ am not　ウ don't）tired.
　　［私は疲れていません。］

□ ❹ （ア Is　イ Are　ウ Do）you from the U.S.? － Yes, I（エ am　オ is　カ are）.
　　［あなたはアメリカ出身ですか。 ― はい，そうです。］

★ ［　］内に適する語を入れましょう。

□ ❺ I［　　　］thirteen.　［私は13歳です。］

□ ❻ ［　　　］John your classmate?　［ジョンはあなたのクラスメートですか。］

□ ❼ We're［　　　］sisters.　［私たちは姉妹ではありません。］

□ ❽ ［　　　］［　　　］Rika's bag.　［これは理香のかばんです。］

□ ❾ ［　　　］［　　　］a hospital?　［あれは病院ですか。］

□ ❿ ［　　　］［　　　］Ms. Oshima.　［彼女は大島先生ではありません。］

第2章　一般動詞　　復習 p.22-27

★ （　）から最も適するものを選び，記号に○をつけましょう。

□ ❶ I（ア live　イ lives　ウ am live）in Osaka.
　　［私は大阪に住んでいます。］

□ ❷ Naoki（ア play　イ is play　ウ plays）the guitar.
　　［直樹はギターを弾きます。］

□ ❸ Miyuki（ア isn't　イ doesn't　ウ don't）like cats.
　　［美雪はネコが好きではありません。］

□ ❹ （ア Do　イ Does　ウ Are）you come to school by bike?
　　［あなたは自転車で学校へ来るのですか。］

　　－ No, I（エ not　オ don't　カ doesn't）.
　　　［いいえ，違います。］

★ [　　　]内に適する語を入れましょう。

□ ❺ I [　　　] tennis after school. ［私は放課後テニスをします。］

□ ❻ Yuta [　　　] a dog. ［勇太は犬を1匹飼っています。］

□ ❼ I [　　　] [　　　] up early on weekends. ［私は週末には早く起きません。］

□ ❽ [　　　] Kenji [　　　] near here? ［健二はこの近くに住んでいますか。］

□ ❾ Lisa [　　　] [　　　] raw fish. ［リサは生魚を食べません。］

★ 日本文を英語に直しましょう。

□ ❿ 私は音楽が好きです。　[　　　　　　　　　　　　　　　　　　　　　]

□ ⓫ あなたは新しい自転車が欲しいですか。

　　[　　　　　　　　　　　　　　　　　　　　　　　　]

第3章　代名詞　　復習 p.28-29

★ （　　　）から最も適するものを選び，記号に○をつけましょう。

□ ❶ This is（ア I　イ my　ウ me）sister.

　　［こちらは私の姉です。］

□ ❷ Do you know（ア he　イ his　ウ him）?

　　［あなたは彼を知っていますか。］

□ ❸ Is that（ア you　イ your　ウ yours）racket?

　　［あれはあなたのラケットですか。］

□ ❹（ア They　イ Their　ウ Them）play soccer very well.

　　［彼らはサッカーがとても上手です。］

□ ❺ Ms. Kimura is（ア we　イ our　ウ us）class teacher.

　　［木村先生は私たちの担任の先生です。］

第4章　疑問詞・名詞の複数形　　復習 p.30-35

★ （　　　）から最も適するものを選び，記号に○をつけましょう。

□ ❶（ア How　イ What　ウ Who）is your dog's name?

　　［あなたの犬の名前は何ですか。］

□ ❷（ア Where　イ When　ウ What）do you live?

　　［あなたはどこに住んでいるのですか。］

□ ❸（ア What　イ Which　ウ How）is your mother?

　　［あなたのお母さんはお元気ですか（どうですか）。］

★ [　]内に適する語を入れましょう。

□ ❹ [　　　　　] do you like? ［あなたはどちらが好きですか。］

□ ❺ [　　　　　] is Kana's birthday? ［佳奈の誕生日はいつですか。］

□ ❻ [　　　　　] is that woman? ［あの女性は誰ですか。］

□ ❼ I have [　　　　] [　　　　]. ［私はCDを10枚持っています。］

□ ❽ [　　　] [　　　　] [　　　　　　] do you have today?
　　　［あなたは今日, 何時間授業がありますか。］

第5章　命令文　　♥復習 p.36-37 ♥

★ (　)内の語句を並べかえて, 正しい英文にしましょう。

□ ❶ (at, the, look, picture). ［その絵を見なさい。］
　　　[　　　　　　　　　　　　　　　　　　　　　　　　　　　]

□ ❷ (room, don't, this, use). ［この部屋を使ってはいけません。］
　　　[　　　　　　　　　　　　　　　　　　　　　　　　　　　]

□ ❸ (go, the party, to, let's). ［パーティーに行きましょう。］
　　　[　　　　　　　　　　　　　　　　　　　　　　　　　　　]

□ ❹ (quiet, the library, be, in). ［図書館では静かにしなさい。］
　　　[　　　　　　　　　　　　　　　　　　　　　　　　　　　]

第6章　現在進行形　　♥復習 p.38-39 ♥

★ (　)から最も適するものを選び, 記号に○をつけましょう。

□ ❶ He's (ア cleans　イ clean　ウ cleaning) his room.
　　　［彼は自分の部屋を掃除しています。］

□ ❷ (ア Are　イ Do　ウ Is) you waiting for Satoshi?
　　　［あなたは聡を待っているのですか。］

□ ❸ Chiharu (ア doesn't　イ isn't　ウ don't) sleeping.
　　　［千春は眠っているのではありません。］

★ (　)内の語を適する形に変えて, [　]に入れましょう。

□ ❹ I am [　　　　] a book.　　　　　　(read)

□ ❺ Are you [　　　　] your homework?　(do)

□ ❻ They're [　　　　] lunch.　　　　　(have)

□ ❼ What are you [　　　　]?　　　　　(make)

□ ❽ Tomomi is [　　　　] in the pool.　(swim)

★ 日本文を英語に直しましょう。
□ ❾ 私はテレビを見ています。[   ]

第7章　can の文　♡ 復習 p.40-41 ♡

★ [　　]内に適する語を入れましょう。
□ ❶ I [   ] play the flute. ［私はフルートを吹くことができます。］
□ ❷ Jane [   ] ride a bike. ［ジェーンは自転車に乗ることができません。］
□ ❸ [   ] [   ] open the window? ［窓を開けてくれますか。］

★ 日本文を英語に直しましょう。
□ ❹ 彼女は日本語が読めません。［   ]
□ ❺ 彼は中国語を話せますか。[   ]

第8章　過去の文　♡ 復習 p.42-47 ♡

★ （　　）から最も適するものを選び, 記号に○をつけましょう。
□ ❶ My brother（ア washes　イ washed　ウ washing）the dishes last night.
　　［私の弟は昨日の夜, 食器を洗いました。］
□ ❷ I（ア don't　イ didn't　ウ am not）play tennis yesterday.
　　［私は昨日, テニスをしませんでした。］
□ ❸（ア Did　イ Are　ウ Do）you（エ enjoyed　オ enjoying　カ enjoy）the concert
　　last Sunday? ［あなたはこの前の日曜日, コンサートを楽しみましたか。］
□ ❹ I（アdid　イwas　ウwere）in the gym then. ［私はそのとき体育館にいました。］

★ （　　）内の語を必要であれば適する形に変えて, [　] に入れましょう。
□ ❺ I [   ] my mother last night. 　（ help ）
□ ❻ Saori [   ] English yesterday. 　（ study ）
□ ❼ We [   ] shopping three days ago. 　（ go ）
□ ❽ I didn't [   ] breakfast this morning. 　（ have ）

★ 日本文を英語に直しましょう。
□ ❾ 私たちは昨日, バスケットボールをしました。
　　[   ]
□ ❿ あなたはいつこのかばんを買ったのですか。
　　[   ]
□ ⓫ 私たちはそのとき音楽を聞いていました。
　　[   ]

ファッション関係の カタカナ語①

みんなの大好きなワンピース。かわいいよね! 実は英語では one-piece とは呼ばなくて, dress って言うんだよ。あと, ちょっと涼しいときに活躍する「パーカー」は, 英語では一般的に hoodie [フーディー] って言うんだよ。

ビューティー関係の カタカナ語

ピカピカお肌のためにはビタミンは必須! 英語では vitamin って書くけど, これを「ビタミン」と言ってもアメリカでは通じないよ。「ヴァイタミン」って発音しよう! また, ツヤツヤくちびるの味方リップクリームは, 英語では chapstick [チャップスティック] (スティックタイプ) とか, lip balm [リップバーム] (クリームタイプ) って言うよ。

ガールズライフコラム

Girl's Life

Column

ファッションやビューティーで使ういろいろなカタカナ語。そのまま英語として通じるの??

ファッション雑貨の カタカナ語

リュックサックは, 通学にも便利なおしゃれマストアイテムのひとつだよね。アメリカでは backpack [バックパック] って呼ぶよ。また, 冬にいろいろな巻き方で楽しめるマフラーも, 英語では違う呼び方をして, scarf [スカーフ] って言うよ。

ファッション関係の カタカナ語②

みんなはどんなルームウエアを着てる? 夏にはノースリーブのもかわいいよね。実は「ルームウエア」や「ノースリーブ」は和製英語。英語では「ルームウエア」は loungewear [ラウンジウエア], 「ノースリーブ (の)」は sleeveless [スリーヴレス] って言うよ。

CECIL McBEE
Study Collection

Mathematics

♥

数学の勉強が始まるよ。

正負の数の計算①

中学校の数学では，0より小さい数である「負の数」が新たに登場するよ。
正の数と負の数をふくむたし算（加法）とひき算（減法）のしかたを確認しよう。

素因数分解

自然数 ▶ 1以上の整数。　例 1，2，3，4，…

素数 ▶ 1とその数自身のほかに約数を
もたない自然数。（1はふくめない。）

　　例 2，3，5，7，…

**素因数
分解**
①わりきれる
素数で順に
わっていく
②素数になったらやめる

例
$$\begin{array}{r}2)\underline{42}\\3)\underline{21}\\7\end{array}$$
→ 42＝2×3×7
③わった数と商を
積の形で表す。

素因数分解!?　わり算の
筆算の逆みたいなやつ,
便利だよね!

自然数を素数の積で表す
んだよ。

素数の積で表すと，いい
ことあるのかな?

42＝2×3×7だから,
42は2，3，7の倍数って
すぐにわかるよ。

正の数・負の数

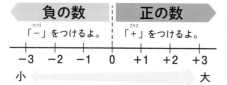

POINT!
0は正の数で
も負の数でも
ない！！

絶対値

数直線上で，ある数に対応す
る点と原点との距離のこと。

どっちも絶対値は
3

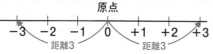

原点

例 −3の絶対値 → 3　　例 +3の絶対値 → 3

※絶対値は，「＋，－の符号をとりさった数」といえるよ。

正の数と負の数って,
中学校に入ってから初め
て習うんだよね?

そうだよ!
0より大きい数には
「+」，小さい数には「−」
をつけるよ。

整数って，−1，−2，…，
とかの負の整数と，+1，
+2，…，とかの正の整
数と，0のことだよね。

そうだよ。ちなみに自然
数は，1以上の整数だか
ら，正の整数のことなん
だよ。
0はふくまないんだね!

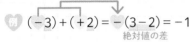

正負の数のたし算・ひき算

2数のたし算

同じ符号→共通の符号

例 $(-3)+(-2)=-(3+2)=-5$
絶対値の和

異なる符号→絶対値が大きいほうの符号をつける

例 $(-3)+(+2)=-(3-2)=-1$
絶対値の差

2数のひき算

符号を変える　共通の符号

例 $(-3)-(+2)=(-3)+(-2)=-(3+2)=-5$
絶対値の和
ひき算をたし算に直す

符号を変える　絶対値の大きいほうの符号

例 $(-3)-(-2)=(-3)+(+2)=-(3-2)=-1$
絶対値の差
ひき算をたし算に直す

3数以上のたし算・ひき算

例
$5-6-8+7$
$=5+7-6-8$　正の数，負の数を集める
$=12-14$　正の数どうし，負の数どうしの和を求める
$=-2$

さあ，いよいよ計算だね。まずはたし算♪

2数のたし算は，符号が同じ数どうしのときと，符号がちがう数どうしのときで，分けられるよ。

たし算の結果は和，ひき算の結果は差っていうのね！　中学生っぽいね。

正負の数のひき算は，ひく数の符号を変えてたすよ。

$-(+♥) \rightarrow +(-♥)$
$-(-♡) \rightarrow +(+♡)$

最後は，たし算とひき算の混じった計算だよ。がんばって。

なーんだ，ひき算は全部たし算にして計算するんだね!!
これならできるよー♪

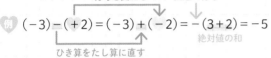

check!　次の問いに答えよう ♥ ♥ ♥

♥ 答えは p.62 だよ。

1 66を素因数分解すると？

2 次の数の絶対値は？

(1) $+8$ 　　　(2) -1.5 　　　(3) $-\dfrac{2}{3}$

3 次の計算をしよう。

(1) $(+5)+(-9)$ 　　　(2) $(-4)+(-2)$

(3) $(-6)-(-10)$ 　　　(4) $3-8+4-9$

2 正負の数の計算②

次はかけ算とわり算！ かけ算の結果を積，わり算の結果を商といったね。
ここでも，答えの符号がどうなるかがポイントだよ。

正負の数のかけ算・わり算

まず，答えの符号を決めて，絶対値を計算！

2数の積と商

同じ符号 → ＋

例 $(-4) \times (-3) = +(4 \times 3) = +12$

絶対値の積

異なる符号 → －

例 $(+10) \div (-5) = -(10 \div 5) = -2$

絶対値の商

3数以上の積

負の数が2個 → ＋

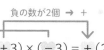

★積の符号
負の数が
偶数個 → ＋
奇数個 → －

例 $(-2) \times (+3) \times (-3) = +(2 \times 3 \times 3) = +18$

絶対値の積

答えの符号って，どうやって決めるの？

2つの数の符号が同じときは，かけ算でもわり算でも「＋」になるよ。符号がちがうときは，「－」だよ。

そっかぁ〜。じゃあ，たくさんの数をかけるときは，どうすればいいのかな？

負の数がいくつあるかで答えの符号が決まるよ。負の数が2個，4個，6個，…，なら「＋」，1個，3個，5個，…，なら「－」にすればいいんだよ。

累乗の計算

累乗の意味

指数

例 $3 \times 3 \times 3 \times 3 = 3^4$

読み方 → 3の4乗

3の4乗
3^4
3が4つで

累乗の計算

3を4個かけあわせる

例 $3^4 = 3 \times 3 \times 3 \times 3 = 81$

(-2)を3個かけあわせる

例 $(-2)^3 = (-2) \times (-2) \times (-2) = -8$

負の数が3個だから，－

ドキ², 次は何かな。あ!! 何かちっちゃい数字がくっついてる!! どういうこと？

指数だね。かけあわせる数の個数を表しているよ。

あ，そうか。「ドキ²」はドキドキのことで，「ドキ」が2個って意味だから，同じだね！

p.61の check! の答え ❶ $66 = 2 \times 3 \times 11$ ❷ (1) 8 (2) 1.5 (3) $\frac{2}{3}$
❸ (1) −4 (2) −6 (3) ＋4 (4) −10 ⟹詳しい解説はp.198を見てね。

いろいろな計算

| 乗除 混合 | わる数の逆数をかけて、かけ算だけの式に直す！ |

$$(-3) \div \frac{6}{7} \times (-2)$$
$$= (-3) \times \frac{7}{6} \times (-2)$$

逆数をかける

☆ **逆数**
分母と分子を入れかえる。
（符号はそのまま）
例 $\frac{2}{3}$ の逆数 ➡ $\frac{3}{2}$

$$= +7$$ ← 負の数が2個だから、＋

| 四則 混合 |

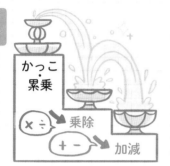

かっこ・累乗
×÷ → 乗除
＋－ → 加減

$$(-4) - 2^3 \times (5-7)$$
$$= (-4) - 8 \times (-2)$$
$$= (-4) - (-16)$$
$$= -4 + 16$$
$$= 12$$

かっこ・累乗
かけ算
ひき算

※答えの＋の符号ははぶいてもよい。

☆ **四則**
加法（たし算）、減法（ひき算）、乗法（かけ算）、除法（わり算）をまとめて四則という。

 わり算ニガテなんだけど、かけ算になっちゃうんだ！逆数ってベンリだねー。

 そうそう！　それから、四則の混じった複雑な式も、順番を守って1つずつ計算すれば大丈夫だよ★符号のミスに注意してね!!

check!　次の計算をしよう ♥ ♥ ♥　　　♥ 答えは p.64 だよ。

 $(+6) \times (-2)$

 $(-14) \div (-7)$

$2 \times 5 \times (-7) \times (-4)$

 $(-4)^3$

 $-12 \div \left(-\frac{4}{3}\right)$

 $-5^2 + 27 \div (3-6)$

63

3 文字式の表し方

今までは数字ばっかりだったけど，ここからは，数学らしく，x, y などの文字も登場！
まずは，文字を使った式の表し方をおさえよう。

文字式の表し方のきまり

積の表し方

1 記号×をはぶく。

2 数を文字の前に書く。

3 同じ文字の積は累乗の指数を使って書く。

4 係数の1ははぶく。

例 $b \times 5 \times a = 5ab$
文字はアルファベット順！

例 $x \times x \times x \times 2 = 2x^3$

例 $m \times (-1) = -m$

商の表し方

記号÷を使わないで，
分数の形に書く。

例 $2 \div x = \dfrac{2}{x}$　　$♡ \div ☆ = \dfrac{♡}{☆}$

＋，－，×，÷ が混じった式

×，÷をはぶく。
＋，－ははぶかない。

例 $4 \times a - b \div 7 = 4a - \dfrac{b}{7}$
はぶけない

あれれ…アルファベット
が出てきたよ？

文字式だね。小学校で
も少しやったね。文字
式は，いろいろな数量
を文字で表した式だよ。

たくさんきまりがあるんだ
ね。
学校の校則みたーい！

そうなんだよ。
校則だけじゃなく，文字
式のきまりもしっかり守っ
てね♪

式の値

もとの式を，記号×を使った式に直してから，
文字に数をあてはめよう。

例 $a = -4$ のとき，$9a - 6$ の値は？

➡ $9a - 6 = 9 \times a - 6$
　　　　　↓代入
　　　$= 9 \times (-4) - 6$
　　　$= -36 - 6$
　　　$= -42$
　　　　式の値

負の数をあてはめるとき
は，（ ）をつけよう！

計算の順序に気をつけて!!
かっこ・累乗 → かけ算・わり算 → たし算・ひき算

ん？　今度は文字のところ
に数をあてはめているね。

うん。そうだよ。
文字のところに数を
あてはめることを，
「代入する」っていうよ。

そうなんだー。
え，じゃあ，この
「式の値」って何？

代入して計算した結果の
ことを，「式の値」っていう
んだ。覚えておこうね。

p.63 の check! の答え 1 −12 2 2 3 280 4 −64 5 9 6 −34
詳しい解説はp.198を見てね。

文字を使って数量を表そう

〈よく使う公式や割合〉
★代金＝1個の値段× 個数
★速さ＝道のり÷ 時間
★平均＝合計÷ 個数
★1％ → $\frac{1}{100}$ ＝ 0.01
★1割 → $\frac{1}{10}$ ＝ 0.1

💗 1個 a 円のケーキを3個と，180円のプリンを1個
買ったときの代金は？

→ $a \times 3 + 180 = 3a + 180$（円）

💗 12km の道のりを，時速 x km でウォーキングした
ときにかかる時間は？

→ 時間＝道のり÷速さ だから，$12 \div x = \dfrac{12}{x}$（時間）

💗 カマンベールチーズ xg の70％の重さは？

→ 70％は $\dfrac{70}{100} = \dfrac{7}{10}$ だから，$x \times \dfrac{7}{10} = \dfrac{7}{10}x$（g）

●％は $\dfrac{●}{100}$ にすればいいんだね！
かんたーん♪

駅前のお気に入りのショップ，
全品4割引きになったよ！

キャー♥ 4割引き!?
セールだね!! どのくらい安くなったのかな？

商品の値段を y 円とすると，割引き後
の値段を y を使って表せるよ。
4割は，0.4 だね。
全体は1だから，1－0.4＝0.6 で，
y 円の0.6倍ってことだね。

あ!! $y \times 0.6 = 0.6y$（円）か♪
どれももとの値段の0.6倍なら，欲し
かったあの服が買える一★

---

check! 次の問いに答えよう ♥ ♥ ♥

♥ 答えは p.66 だよ。

1 次の式を文字式の表し方にしたがって表すと？

(1) $y \times x \times (-6)$ 　　(2) $a \times a \times a \times a \times 3$

2 $a = -4$ のとき，$-a^2 + 5$ の値は？

3 次のことがらを，文字式で表すと？

(1) 1個120円のヘアピンを x 個買って，1000円出したときのおつり

(2) 分速 am で8分間散歩したときの歩いた道のり

文字式の計算

文字が入ってきても，そこは数学。
次は，文字を使った式の計算のしかたを確認しよう。

項と係数

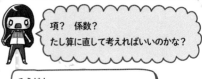

項？ 係数？
たし算に直して考えればいいのかな？

そうだよ。
左の式の項は，$3a$，$-5b$，-2の3つ。$3a$の係数は「3」，$-5b$の係数は「-5」だね。

例 $3a - 5b - 2 = \underset{項}{3a} + \underset{項}{(-5b)} + \underset{項}{(-2)}$

係数

文字式のたし算・ひき算

項のまとめ方

文字の部分が同じ項は，
$$mx + nx = (m+n)x$$
を使ってまとめよう。

例
$$7x - 4x$$
$$= (7-4)x$$
$$= 3x$$

係数どうしを計算

同じ文字の項をまとめるのはわかったけど，「$-(\ )$」の（ ）をはずすとき，符号がわからなくなっちゃうんだよね…

文字式のたし算・ひき算

$$\begin{bmatrix} +(a+b)=a+b \\ +(a-b)=a-b \end{bmatrix}$$

$$\begin{bmatrix} -(a+b)=-a-b \\ -(a-b)=-a+b \end{bmatrix}$$

を使って（ ）をはずそう！

（ ）の中の各項の符号が変わる

わかるわかる！
そんなときは，数で考えてみよう！
次の計算はわかる？
$10-(2+3)$

うん！
$10-\underset{5}{(2+3)}=5$だね。

例 $2a + 6 + (8a - 5) = 2a + 6 + 8a - 5$
$$= 2a + 8a + 6 - 5$$
$$= 10a + 1$$

文字の項，数の項を集める

そうそう！
$10-(2+3)$
$=10-2-3=5$
って考えられるよね。

例 $2a + 6 - (8a - 5) = 2a + 6 - 8a + 5$
$$= 2a - 8a + 6 + 5$$
$$= -6a + 11$$

文字の項，数の項を集める

あ〜，わかった！
$10-2+3$とすると，11になっちゃうもんね！

p.65の check! の答え ❤(1) $-6xy$ (2) $3a^4$ ❤-11 ❤(1) $1000-120x$（円） (2) $8am$

▷➡詳しい解説はp.198を見てね。

文字式のかけ算・わり算

文字式のかけ算（文字式×数）

数どうしをかけよう。

例 $5x \times 4 = 5 \times x \times 4 = 5 \times 4 \times x = 20x$

文字式のわり算（文字式÷数）

分数の形にして、
数どうしを約分！

例 $27x \div 9 = \dfrac{\overset{3}{\cancel{27}}x}{\underset{1}{\cancel{9}}} = 3x$

分配法則

$$\left[\begin{array}{l} a(b+c) = ab + ac \\ a(b-c) = ab - ac \end{array}\right]$$

例 $6(4a - 3) = 6 \times 4a - 6 \times 3$
$\qquad\qquad\quad = 24a - 18$

わり算は、かけ算に直すと分配法則が使えるよ。

例 $(8a + 4) \div 2 = (8a + 4) \times \dfrac{1}{2}$

$\qquad\qquad\quad = 8a \times \dfrac{1}{2} + 4 \times \dfrac{1}{2} = 4a + 2$

文字式のわり算って、分数の形にするんだね。

あ！ わる数の逆数をかけて求める、ってことだね！！

そうだよ。
あと、かけ算に直して求めることもできるよ。

その通り！
$27x \div 9 = 27x \times \dfrac{1}{9} = 3x$
だね。

▼ 答えは p.68 だよ。

check! 次の計算をしよう ♥ ♥ ♥

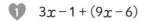   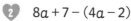

1 $3x - 1 + (9x - 6)$

2 $8a + 7 - (4a - 2)$

3 $6a \times (-5)$

4 $32x \div 4$

5 $2(9a - 8)$

6 $(14x + 21) \div (-7)$

5

方程式
ほうていしき

等号「＝」を使って数量の関係を表したのが等式。
とうしき
文字に特別な数をあてはめたときだけ成り立つ文字の値を方程式の解というよ。
ほうていしき

等式の性質と方程式
とうしき　　　　　ほうていしき

$$A = B \text{ ならば,}$$
$$① \ A + C = B + C$$
$$② \ A - C = B - C$$
$$③ \ A \times C = B \times C$$
$$④ \ \frac{A}{C} = \frac{B}{C} \ (C \neq 0)$$

例 $x + 5 = 4$

両辺から5をひくと,
$$x + 5 - 5 = 4 - 5$$
$$x = -1$$

あれ?? 「＝」の左右に式があるよ?? これって, どうすればいいの??

方程式だね。まずは, 一方の辺にある項を, 符号を変えて他方の辺に移すんだ。これを,「移項」というよ。
ふごう

方程式の解き方
ほうていしき

1 文字の項を左辺に, 数の項を右辺に移項する。
いこう

2 $ax = b$ の形にする。

3 両辺を x の係数 a でわる。

例 $6x + 5 = 4x - 3$
$$6x - 4x = -3 - 5$$
$$2x = -8$$
$$\frac{2x}{2} = -\frac{8}{2}$$
$$x = -4$$

移項するときは符号が変わるんだね!

そうだよ。符号のミスがおこりやすいところだから, 注意してね!!

いろいろな方程式

かっこがあるとき

分配法則を利用して,
かっこをはずす。

分配法則
$a(b+c)$
$=ab+ac$

例 $2x - 3(2x + 1) = 1$
$$2x - 6x - 3 = 1$$
$$-4x = 4$$
$$x = -1$$

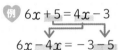

かっこや分数の入った方程式もあるけど, 係数が小数の方程式もあるよね?

もちろん, あるよ〜。

分数があるとき

両辺に分母の最小公倍数をかけて,
分数をなくす。

例 $\frac{2}{3}x - 3 = \frac{5}{9}x$
$$\left(\frac{2}{3}x - 3\right) \times 9 = \frac{5}{9}x \times 9$$
$$6x - 27 = 5x$$
$$6x - 5x = 27$$
$$x = 27$$

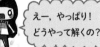

えー, やっぱり! どうやって解くの?

小数の混じった方程式は, 両辺を10倍や100倍して, 係数を整数に直してから解こうね。

p.67 の check! の答え ❶12x−7 ❷4a＋9 ❸−30a ❹8x ❺18a−16 ❻−2x−3

詳しい解説はp.198を見てね。

比例式の性質

$$\begin{bmatrix} a:b=c:d \quad \text{ならば,} \\ ad=bc \end{bmatrix}$$

例 $x:3=6:9$

→ $9x=18$ より,
$x=2$

比の形をした等式もある, ってことだね。

そう!「比例式」っていうよ。比例式の性質を使って解こうね～。

方程式を使った文章題

例 90円のシールと120円のシールを合わせて8枚買ったら, 代金の合計は870円でした。90円のシールは何枚買った?

$$\begin{bmatrix} \text{問題の中のどの数量を} \\ x\text{とするかを決める} \end{bmatrix}$$
90円のシールの枚数を x 枚とする。

文章題って ニガテ～…

まずは, 求めたいものや, わからないものを, x とおいてみよう!

↓

$$\begin{bmatrix} \text{等しい数量の関係を} \\ \text{見つける} \end{bmatrix}$$
代金の合計が870円だから, 方程式は次のようになる。

あとは, 等しい数量の関係を見つけるんだね。

↓

$[$ 方程式をつくる $]$
$$90x+120(8-x)=870$$

90円の シールの 代金 / 120円の シールの 代金 / 代金の 合計

そうだよ。「＝」で結べる関係を見つけたら, 式に表そう!!

↓

$[$ 方程式を解く $]$
計算すると, $x=3$

あとは計算して解を求めるだけだね★

$$90x+960-120x=870$$
$$90x-120x=870-960$$
$$-30x=-90$$
$$x=3$$

↓

$[$ 解の検討をする $]$
90円のシールの枚数は自然数なので, 問題にあっている。

答 <u>3枚</u>

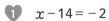

次の方程式を解こう ♥ ♥ ♥

♥ 答えは p.70 だよ。

1. $x-14=-2$
2. $8x-1=3x+4$
3. $3x+9=5x-3$
4. $2(x+6)-7x=22$
5. $\dfrac{4}{15}x-2=\dfrac{1}{6}x$
6. $0.9x+0.5=2.5-0.6x$

6

関数と比例

まずは，関数の見分け方をチェック！　続いて，比例の関係について確かめよう。
中学校で習う比例では，x や y の値が負の数になるものも出てくるよ！！

関数

$$\left[\begin{array}{c}\text{ともなって変}\\\text{わる2つの数量}\\x,\ y\text{がある。}\end{array}\right] \rightarrow \left[\begin{array}{c}x\text{の値が決まる}\\\text{と，}y\text{の値もた}\\\text{だ1つに決まる。}\end{array}\right] \rightarrow \left[\begin{array}{c}y\text{は}x\text{の関数}\\\text{である。}\end{array}\right]$$

関数である 例 120円のドーナツを x 個買ったときの代金は y 円である。

関数ではない 例 青いリボンは $x\,m$ で，赤いリボンは $y\,m$ である。

※ x，y のように，いろいろな値を
とる文字を変数といいます。

変域の表し方

変域 変数のとりうる値の範囲。

例 x が0以上3未満
その数をふくむ

→ $0 \leqq x < 3$

●はその数をふくみ，
○はその数をふくまない。

その数を
ふくまない

0 1 2 3

昨日，120円のドーナツを3個買っちゃった。360円だったよ！

じゃあ，4個買ったらいくらになる？

んーっと，…480円！
x の値が3だと，y の値は360，x の値が4だと，y の値は480に決まるね。

その通り!!　だから，これは関数といえるね☆

次の例は，青いリボンの長さがわかっても，赤いリボンの長さは決まらないから…関数じゃないね！

比例の式と性質

比例の式 $y = ax$　$(a \neq 0)$

↑
比例定数

☆POINT!
y が x の関数で，$y = ax$ の式で表されるとき，y は x に比例するという。

比例の性質

1 x の値が2倍，3倍，・・・，になると，y の値も2倍，3倍，・・・，になる。

2 $x \neq 0$ のとき，商 $\dfrac{y}{x}$ の値は一定で，比例定数 a に等しい。$\left(\dfrac{y}{x} = a\right)$

x と y だけじゃなくて，a まで出てきた〜！
アルファベットがいっぱい…

a には決まった数が入るよ。このような文字を「定数」っていうんだよ。

そっかぁ！　a は，2とか−5とか，決まった数のことなんだね。

x や y はいろいろな値をとるから変数だよ。

p.69 の check! の答え ① $x = 12$ ② $x = 1$ ③ $x = 6$ ④ $x = -2$
⑤ $x = 20$ ⑥ $x = \dfrac{4}{3}$ ⟹ 詳しい解説はp.198を見てね。

比例の式の求め方

比例の式を， $y = ax$ （aは比例定数）とおこう！

→ x，y の値を代入して，a の値を求める。

例 y は x に比例し，$x = -4$ のとき $y = 20$ です。
y を x の式で表すと？

→ $y = ax$ とおいて，
$x = -4$，$y = 20$ を代入すると，
$20 = a \times (-4)$ より，$a = -5$
よって，式は，$y = -5x$

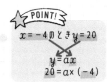
POINT!
$x = -4$ のとき $y = 20$
$y = ax$
$20 = ax(-4)$

比例の式を求めるには，
a の値がわかるといいのね!!

$y = ax$ の式のx，y にそれぞれの値を
代入すればa の値が求められるね♪
代入するときは，x，y をとりちがえ
ないように注意しよう。

そっかぁ!!
a の値みたいに，センパイの気持ち
もわかればいいのにな…

が，がんばって…

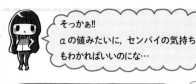

---

check! 次の問いに答えよう ♥ ♥ ♥

1 y が x の関数であるものはどちら？

　ア　A中学校の生徒の人数 x 人と，B中学校の生徒の人数 y 人
　イ　x 人に3枚ずつクッキーを配るときの，必要なクッキーの枚数 y 枚

2 変数 x が−2以上5未満の値をとるとき，x の変域を不等号を使って表すと？

3 y は x に比例し，$x = 6$ のとき $y = -24$ です。y を x の式で表すと？

4 y は x に比例し，$x = -2$ のとき $y = 6$ です。$x = 4$ のときの y の値は？

7 座標と比例のグラフ

まずは座標の表し方を確認しよう。次に比例のグラフの特徴やかき方，
よみ方をマスターしてね。

座標

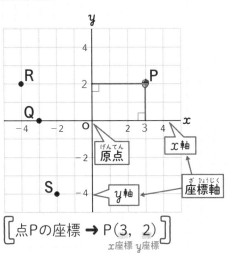

点Rは (-4, 2) 付近、点P (3, 2)、点Q (-4, 0)、点S (-1, -4) 付近

原点　x軸　y軸　座標軸

$$[\text{点Pの座標} \rightarrow P(3, 2)]$$
x座標　y座標

原点って何だっけ？

座標軸の交点のOのことだよ。

0じゃないんだ！　数学っぽい！！
ところで，左の点Qの座標はどう表すの？　x軸の上にあってわかんない。

x座標が-3はわかるね。y座標は，x軸上にあるときは0だから…

Q(-3, 0)だね！
座標って，(♡，♥)でどんな点も表せるんだね。便利〜♪

y=ax のグラフ

y=ax のグラフ ➜ 原点を通る直線

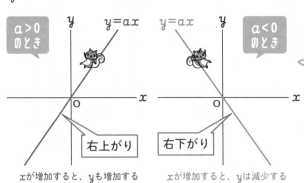

a>0
のとき

y=ax

右上がり

xが増加すると，yも増加する

y=ax

a<0
のとき

右下がり

xが増加すると，yは減少する

なんで，aが＋かーかで
グラフの傾きがちがうの？

次の表を見てごらん。

・y=2x

x	…	-1	0	1	2	…
y	…	-2	0	2	4	…

・y=-2x

x	…	-1	0	1	2	…
y	…	2	0	-2	-4	…

あー，a=2ではyの値が増えていくけど，a=-2では，yの値が減ってる！

そう！　だから，傾きがちがってくるんだね。

p.71の check! の答え ❶イ ❷-2≦x<5 ❸y=-4x ❹y=-12

⟹詳しい解説はp.198を見てね。

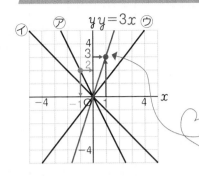

$y = 3x$

グラフのかき方

原点以外のもう1つの点を求め，原点とこの点を通る直線をひく。

POINT!
どんな比例のグラフも，必ず原点$(0, 0)$を通る。

例　$y = 3x$ のグラフのかき方
➡ $x = 1$ のとき，
　$y = 3 \times 1 = 3$ だから，
$(0, 0)$と$(1, 3)$を通る直線をひこう！

グラフから式を求める

$y = ax$ に，グラフが通る点の座標を代入して，aの値を求める！

例　上の比例のグラフ㋐の式は？

POINT!
グラフから，x座標，y座標がともに整数の点を見つけよう。

➡ 式を，$y = ax$ とおくと，
　グラフは点$(-1, 2)$を通るから，
　$x = -1$，$y = 2$ を代入して，$2 = a \times (-1)$ より，$a = -2$
　よって，式は $y = -2x$

原点ともう1つの通る点の座標がわかれば，グラフがかけちゃう〜♪

じゃあ，点$(3, 5)$を通る比例のグラフの式は，どうなるかな？

$y = ax$ に，$x = 3$，$y = 5$ を代入して，
$5 = 3a$ で…
あれ？　わりきれないよー‼

a の値は分数になることもあるんだよ。
この場合，$a = \dfrac{5}{3}$ だから，$y = \dfrac{5}{3}x$ だね！

check!　次の問いに答えよう ♥ ♥ ♥

♥答えは p.74 だよ。

❶ 72ページの左上の図の点R，Sの座標は？

❷ 上の図の比例のグラフ㋑，㋒について，yをxの式で表すと？

8 反比例

次は反比例。小学校でも学習したけど，やはり大きなちがいは負の数まで広がること！
$x = 0$ のとき対応する y の値がないこともポイントだよ。

反比例の式と性質

反比例の式　$y = \dfrac{a}{x}$ ← 比例定数 $(a \neq 0)$

POINT!
y が x の関数で，$y = \dfrac{a}{x}$ の式で表されるとき，y は x に反比例するという。

反比例の性質

1 x の値が2倍，3倍，…，になると，
　y の値は $\dfrac{1}{2}$ 倍，$\dfrac{1}{3}$ 倍，…，になる。

2 積 xy の値は一定で，比例定数 a に等しい。
　$(xy = a)$

う〜ん。
比例よりイメージしづらいよー。

例えば，$y = \dfrac{6}{x}$ だとすると，$x = 1$ のとき，$y = 6$，$x = 2$ のとき，$y = 3$ だね。

あ〜っ！
x が2倍になると，y が $\dfrac{1}{2}$ 倍になってる！

そうだね。比例とのちがいをおさえておこう!!

$y = \dfrac{a}{x}$ のグラフ

$y = \dfrac{a}{x}$ のグラフ → 原点について対称な2つのなめらかな曲線（双曲線）

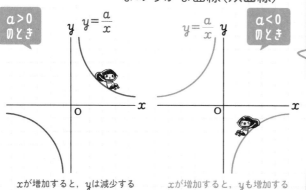

$a > 0$ のとき $y = \dfrac{a}{x}$　x が増加すると，y は減少する

$a < 0$ のとき $y = \dfrac{a}{x}$　x が増加すると，y も増加する

比例のグラフと全然ちがーう!!

そうだね。グラフも2本あるしね。

双曲線って，ずっとのばしていくとどうなるの？

座標軸に近づいていくけど，座標軸と交わることはないんだ。

へ〜，おもしろーい。
じゃあ，x や y の値が0になることはないんだね！

p.73 の check! の答え　**1** R$(-4, 2)$, S$(-2, -4)$　**2** ⃝イ $y = -x$　⃝ウ $y = \dfrac{5}{4}x$

詳しい解説はp.198を見てね。

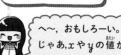

反比例の式の求め方

反比例の式を，$y = \dfrac{a}{x}$ （aは比例定数）とおこう！

→ x，y の値を代入して，a の値を求める。

xとyの値から求める

例 y は x に反比例し，$x=-3$ のとき$y=4$ です。y を x の式で表すと？

→ 式を，$y = \dfrac{a}{x}$ とおくと，

$4 = \dfrac{a}{-3}$，$a = 4 \times (-3)$

よって，$a = -12$ だから，

式は，$y = -\dfrac{12}{x}$

グラフから求める

例 下の反比例のグラフ⑦の式は？

→ 点(2，4)を通るから，← 通る点を見つけよう！

$y = \dfrac{a}{x}$ に，

$x=2$，$y=4$

を代入して，

$4 = \dfrac{a}{2}$ より，

$a = 8$

よって，$y = \dfrac{8}{x}$

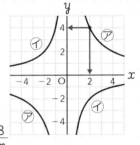

 反比例の式に，x と y の値を代入すれば，a の値がわかるね♪

実は，$y = \dfrac{a}{x}$ は，$xy = a$ と表せるから，aの値は $-3 \times 4 = -12$ と求めることもできるよ。

 グラフから式を求めるとき，読み取る座標っ てどこでもいいの？

 x 座標も y 座標も 整数の点が求めや すいよ。

 ⑦のグラフはほかに，(4，2)，(−2，−4)，(−4，−2)を通るね。

 どの点の値を代入 しても，同じaの値 が求められるよ。

---

check! 次の問いに答えよう ♥ ♥ ♥   ♥答えはp.76 だよ。

1 y は x に反比例し，$x=3$ のとき $y=-3$ です。y を x の式で表すと？

2 y は x に反比例し，$x=-6$ のとき $y=-12$ です。y を x の式で表すと？

3 右上の図の反比例のグラフ④について，y を x の式で表すと？

9 平面図形

図形を形や大きさを変えずに他の位置に移すことを「移動」というよ。
「作図」は定規とコンパスだけしか使えないから，注意してね！

直線と角

直線，線分，半直線

A──B
↑
直線AB

A●──●B
↑
線分AB

A●──B
↑
半直線AB ← 端になる点を先にかく

角の表し方

頂点 辺 A
O 辺 B

➡ ∠AOB
↑
頂点を真ん中にかく

平行と垂直

➡ 直線ABとEFが垂直
（AB⊥EF）

➡ 直線ABとCDが平行
（AB∥CD）

交点

図形の移動

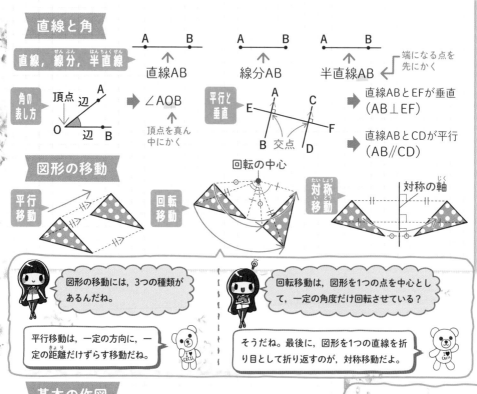

回転の中心

対称の軸

平行移動

回転移動

対称移動

> 図形の移動には，3つの種類があるんだね。

> 平行移動は，一定の方向に，一定の距離だけずらす移動だね。

> 回転移動は，図形を1つの点を中心として，一定の角度だけ回転させている？

> そうだね。最後に，図形を1つの直線を折り目として折り返すのが，対称移動だよ。

基本の作図

垂直二等分線

① ②
線分AB の中点
A────B
① ②
← 線分ABの垂直二等分線

角の二等分線

A
② ③
① ②
O────B
① ②
∠AOBの二等分線

垂線

③
P
①
ℓ
② ②
点Pを通る直線ℓの垂線

①③②
P
ℓ A B
②
A, Bはかってな点

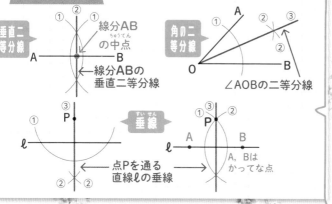

例 図の△ABCで，辺BCを底辺としたときの高さAHの作図は？

A
B────C

高さは底辺に垂直な直線だから，点Aを通る直線BCの垂線を作図すればいいよ。

A
①
B──H──C
② ②
③

なるほど。

p.75 の check! の答え ❶ $y=-\dfrac{9}{x}$ ❷ $y=\dfrac{72}{x}$ ❸ $y=-\dfrac{4}{x}$

➡ 詳しい解説はp.198を見てね。

円とおうぎ形

弧と弦

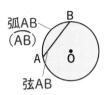

弧AB
(⌢AB)
B
A
弦AB
O

おうぎ形

中心角
弧
半径
半径
O

円の接線

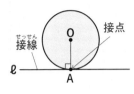

接線
接点
O
接点
ℓ
A

円の接線は,
接点を通る
半径に垂直

⬇

$\ell \perp OA$

円の公式 (π…円周率)

円周の長さ $\ell = 2\pi r$
円の面積 $S = \pi r^2$

おうぎ形の公式 (π…円周率)

弧の長さ $\ell = 2\pi r \times \dfrac{a}{360}$

面積 $S = \pi r^2 \times \dfrac{a}{360}$

または, $S = \dfrac{1}{2}\ell r$

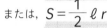

円周の長さや面積の求め方は,
小学校でもやったよね。

お!! よく覚えてるね。
中学校では,円周率を「π」で表す
よ。3.14よりも計算がラクチン!

あ! おうぎ形
の面積の公式
って,三角形
の面積の公式
とそっくり!

おうぎ形
r
ℓ
$S = \dfrac{1}{2}\ell r$

三角形
h
a
$S = \dfrac{1}{2}ah$

そうだね。
よく気がついたねー。

---

check! 次の問いに答えよう ♥ ♥ ♥
(ただし,円周率はπとします。)

▶ 答えは p.78 だよ。

1 次のア,イにあてはまる記号やことばは?

右の図の線分ABの中点を作図するには,
線分 [ア] の [イ] を作図すればよい。

B
A

2 半径8cm の円の円周の長さと面積は?

3 半径10cm,中心角135°のおうぎ形の弧の長さと面積は?

77

10 空間図形

小学校で学習した，直方体とか円柱のような立体が空間図形だよ。
空間図形の特徴を，くわしく見ていこう。

いろいろな立体

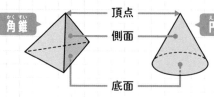

角錐 頂点 側面 底面

円錐 円柱

正多面体 へこみがなく，すべての面が合同な正多角形で，どの頂点にも面が同じ数だけ集まっている多面体。

正八面体

ねえねえ，多面体って何？ ムズカシイ!!

多面体は平面だけで囲まれた立体のことだよ。だから，角柱も多面体の1つだね。
正多面体は，正四面体，正六面体，正八面体，正十二面体，正二十面体の5つがあるよ。

直線と平面の位置関係

ねじれの位置がよくわかんなーい！

直線の平行と垂直

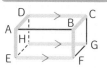

❶ 直線ABと平行な直線
→直線DC，EF，HG

❷ 直線ABと垂直に交わる直線
→直線AD，AE，BC，BF

❸ 直線ABとねじれの位置にある直線
→直線DH，EH，CG，FG

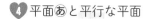

平行でもないし，どんなにのばしても交わらない2つの直線どうしだよ。
❸なら，「❶と❷の直線以外」と考えるとわかりやすいよ。

直線と平面の平行や，垂直な関係もあるの？

平面の平行と垂直

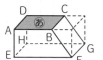

❹ 平面⑤と平行な平面
→平面EFGH

❺ 平面⑤と交わる平面
→平面AEHD，平面AEFB，平面BFGC，平面DHGC

❻ 平面⑤と垂直な平面
→平面AEHD，平面AEFB，平面DHGC

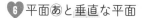

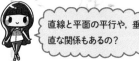

あるよ。平面⑤に垂直な直線は，直線AEとDHだね。では，平面⑤に平行な直線は？

わかった！ 直線EF，FG，GH，EHだ！

p.77の check! の答え ❶ア…AB　イ…垂直二等分線　❷円周の長さ…16π cm，面積…64π cm²
❸弧の長さ…$\frac{15}{2}$π cm，面積…$\frac{75}{2}$π cm²　→詳しい解説はp.199を見てね。

立体のいろいろな見方

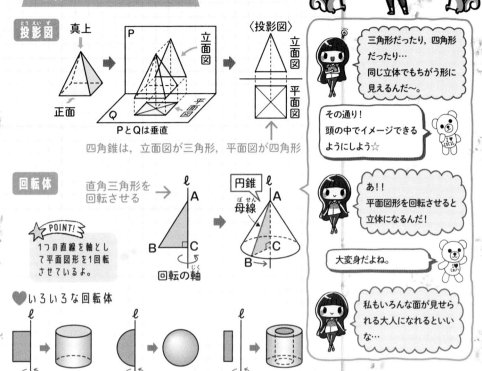

投影図

真上

正面

PとQは垂直

〈投影図〉

立面図

平面図

四角錐は、立面図が三角形、平面図が四角形

三角形だったり，四角形だったり…
同じ立体でもちがう形に見えるんだ〜。

その通り！
頭の中でイメージできるようにしよう☆

回転体

直角三角形を回転させる

POINT!
1つの直線を軸として平面図形を1回転させているよ。

円錐　母線

回転の軸

あ！！
平面図形を回転させると立体になるんだ！

大変身だよね。

♥いろいろな回転体

私もいろんな面が見せられる大人になれるといいな…

---

check!　次の問いに答えよう ♥ ♥ ♥

♥答えはp.80だよ。

① 図1の直方体について，次の辺や面をすべて答えよう。

(1) 辺EHとねじれの位置にある辺

(2) 面ABCDに垂直な辺

(3) 面ABCDと平行な面

② 三角錐の投影図で，平面図の形は？

③ 図2のような長方形を直線ℓを軸として1回転させてできる立体の名前は？

図1

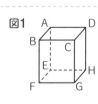

図2

11 立体の表面積と体積

いろいろな立体の表面積と体積の求め方を確認しよう!! たくさん公式が出てくるけど，図形の特徴と合わせて確認すると，覚えやすいよ。

角柱・円柱・角錐・円錐の表面積 （π…円周率）

→底面は2つある！

角柱・円柱の表面積 ▶ 表面積＝側面積＋底面積×2

（円柱の表面積…$S = 2\pi rh + 2\pi r^2$）

側面積　底面積

側面積＝高さ×底面の周の長さ

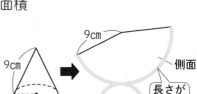

角錐・円錐の表面積 ▶ 表面積＝側面積＋底面積

例 右の円錐の表面積は？

→ 側面のおうぎ形の弧の長さは，底面の円の円周と等しいから，側面のおうぎ形の中心角は，

$$\frac{2\pi \times 4}{2\pi \times 9} = \frac{4}{9}, \quad 360° \times \frac{4}{9} = 160°$$

↑
中心角は，おうぎ形の弧の長さに比例する

したがって，表面積は，

$$\pi \times 9^2 \times \frac{160}{360} + \pi \times 4^2 = 36\pi + 16\pi = 52\pi \text{ (cm}^2)$$

側面積　　　底面積

♥ 側面のおうぎ形の中心角は，比例式を使って求めることもできるよ。

（おうぎ形の弧の長さ）：（円周）＝（中心角）：360　より，
中心角を$x°$とすると，
$(2\pi \times 4) : (2\pi \times 9) = x : 360$　これを解いて，$x = 160$

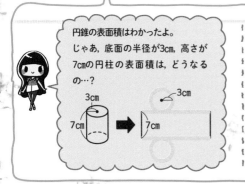

円錐の表面積はわかったよ。
じゃあ，底面の半径が3cm，高さが7cmの円柱の表面積は，どうなるの…？

3cm　　3cm
7cm　7cm

$$7 \times (2\pi \times 3) + (\pi \times 3^2) \times 2$$
側面積　　　底面積
$= 42\pi + 18\pi$
$= 60\pi \text{ (cm}^2)$
だね!!

そうか！ 側面の長方形の横の長さは，底面の円周の長さになるんだね。

p.79 の check! の答え ❶ (1) 辺AB, CD, BF, CG　(2) 辺AE, BF, CG, DH　(3) 面EFGH
❷ 三角形　❸ 円柱 ⟹ 詳しい解説はp.199を見てね。

角柱・円柱・角錐・円錐の体積

(π…円周率)

♡ 底面積…S, 高さ…h, 体積…V, 底面の半径…r

角柱・円柱の体積 ▶ $V = Sh$

（円柱の体積…$V = \pi r^2 h$）

角錐・円錐の体積 ▶ $V = \dfrac{1}{3}Sh$

（円錐の体積…$V = \dfrac{1}{3}\pi r^2 h$）

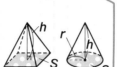

> 角柱や円柱の体積は,
> 底面積×高さで,
> 角錐や円錐の体積は,
> $\dfrac{1}{3}$×底面積×高さ
> で求めることができるよ。

> そうか〜。
> 言われて
> みれば,
> 底面が同じ円柱と円錐
> だと, 円錐のほうが体積
> が小さく見えるね。

球の表面積や体積

(π…円周率)

♡ 半径…r, 体積…V, 表面積…S

球の表面積 ▶ $S = 4\pi r^2$

球の体積 ▶ $V = \dfrac{4}{3}\pi r^3$

例 半径9cmの球の表面積と体積は?

➡ 表面積は, $4\pi \times 9^2 = 324\pi$（cm²）

➡ 体積は, $\dfrac{4}{3}\pi \times 9^3 = 972\pi$（cm³）

> 2乗? 3乗?
> 球の公式って, なんだか
> ゴチャゴチャしちゃう…。

> こうやって覚えよう!!
> 面積の単位は cm² で2乗でしょ?
> 表面積は $4\pi r^2$ で2乗だね。

> わぁ! 体積は cm³ で3乗,
> $\dfrac{4}{3}\pi r^3$ で3乗だぁ!
> すごーい!

> これで, 迷ってもバッチリだね☆

次の立体の表面積と体積を求めよう ♥ ♥ ♥
（ただし, 円周率はπとします。）

答えは p.82 だよ。

1 三角柱

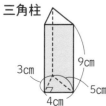

3cm 9cm 4cm 5cm

2 円錐

10cm 8cm 6cm

3 球

12cm

12 データの分布と確率

ラストは「データの分析」だよ!! 代表値でよく聞くのは「平均値」だけど,
そのほかにもいろいろあるんだよ。まずは,特徴をしっかりとらえよう!

度数分布表とヒストグラム（柱状グラフ）

度数分布表

データをいくつかの階級に分け,階級ごと
にその度数を示して,データの散らばり
（分布）をわかりやすくした表。

身長が155cm以上160cm未満の生徒の人数は，8人

階級の幅…区間の幅 → 右の表では5cm

階級値…階級の真ん中の値 階級値は167.5cm

［表1］ 女子生徒32人の身長

階級(cm)	度数(人)	累積度数(人)
以上　　未満		
140 ～ 145	2	2
145 ～ 150	6	8
150 ～ 155	10	?
155 ～ 160	8	
160 ～ 165	4	
165 ～ 170	2	
合計	32	

ヒストグラムに表す

ヒストグラム

度数の分布のようすを,
長方形を並べて表したもの。

［図1］ 女子生徒32人の身長

度数折れ線（度数分布多角形）

ヒストグラムの各長方形の上の辺の中
点を結んでできた折れ線。

縦軸は度数（人数），横軸は階級（身長）を表している

累積度数

最初の階級からその階級
までの度数を合計したもの。

上の度数分布表で,
身長が150cmの生徒は
どの階級に入るかな?

145cm以上150cm未満?
あっ,「未満」の階級
には入らないから,
150cm以上155cm未満
の階級かぁ!

相対度数

$$相対度数 = \frac{その階級の度数}{度数の合計}$$

例 表1の160cm以上165cm未満の階級の相対度数は?

→度数の合計が32人で,階級の度数は4人だから,

$$\frac{4}{32} = 0.125$$

累積相対度数

最初の階級からその階級までの
相対度数を合計したもの。

p.81の check! の答え ❶ 表面積…120cm²,体積…54cm² ❷ 表面積…96πcm²,体積…96πcm²

❸ 表面積…576πcm²,体積…2304πcm² ⇨ 詳しい解説はp.199を見てね。

データの分布の特徴

平均値 ※度数分布表から求めるとき

$$平均値 = \frac{(階級値 \times 度数)の合計}{度数の合計}$$

例 表2のデータで平均値は，$877.5 \div 25 = 35.1$(分)

[表2] 生徒25人の日曜のパソコン使用時間

階級(分) 以上　未満	階級値(分)	度数(人)	階級値×度数
0 〜 15	7.5	3	22.5
15 〜 30	22.5	5	112.5
30 〜 45	37.5	10	375.0
45 〜 60	52.5	7	367.5
合計		25	877.5

中央値（メジアン） — データを大きさの順に並べたときの中央の値。

範囲（レンジ） — 範囲＝最大値−最小値

最頻値（モード）
データの中で，もっとも多く出てくる値。
度数分布表では，度数がもっとも多い階級の階級値。

例 表2で，度数がもっとも多い階級は，30分以上45分未満の階級。この階級の階級値が
最頻値となるから，$\dfrac{30+45}{2} = 37.5$(分)

相対度数と確率

確率
あることがらの起こりやすさを数で表したもの。多数回の実験では，
相対度数を確率とみなして考える。

$$\frac{あることがらの起こった回数}{全体の回数}$$

例 右の表では，コインを投げた回数が多くなる
につれて，表が出た相対度数は0.53に近い値
になるから，表が出る確率は0.53

投げた回数	100	200	500	1000
表が出た回数	54	107	265	530
相対度数	0.540	0.535	0.530	0.530

check! 次の問いに答えよう ♥ ♥ ♥

答えは p.84 だよ。

1 82ページの表1で，150cm以上155cm未満の階級の累積度数と累積相対
度数(小数第2位まで)は？

2 82ページの図1で，女子生徒32人の身長の最頻値は？

第1章　正負の数　♡ 復習 p.60-63 ♡

★　次の❶，❷の数を素因数分解しなさい。

□ ❶ 56　　[　　　　　　　]　　□ ❷ 135　　[　　　　　　　]

★　次の❸〜❻にあてはまる数を，ア〜カから，すべて選んで答えなさい。

ア　−3　　イ　$\dfrac{7}{2}$　　ウ　0　　エ　−5.6　　オ　41　　カ　2

□ ❸ 正の数　　　　[　　　　　]　　□ ❹ 負の数　　　　[　　　　　]

□ ❺ 自然数　　　　[　　　　　]　　□ ❻ 絶対値が3以上の数 [　　　　　]

★　次の❼〜⓬の計算をしなさい。

□ ❼ $(+1)+(-3)$　　[　　　　]　　□ ❽ $(+7)-(-6)$　　[　　　　]

□ ❾ $2-8+3-4$　　[　　　　]　　□ ❿ $(-16)\div(-8)$　　[　　　　]

□ ⓫ $2\times(-6)\div(-4)$　[　　　　]　　□ ⓬ $(-3)^2\div\left(-\dfrac{6}{5}\right)-\left(-\dfrac{1}{2}\right)$ [　　　]

第2章　文字と式　♡ 復習 p.64-67 ♡

★　次の❶，❷の式を，文字式の表し方にしたがって表しなさい。

□ ❶ $x\times y\times(-1)$　[　　　　]　　□ ❷ $b\times a\times a\times(-6)$　[　　　　]

★　次の❸，❹の式の値を求めなさい。

□ ❸ $a=-3$ のとき，$7a-4$ の値　　　　　　　　　[　　　　]

□ ❹ $x=-2$ のとき，$-x^3+1$ の値　　　　　　　　[　　　　]

★　次の❺，❻のことがらを，文字式で表しなさい。

□ ❺ 30円のあめ1個と，130円のチョコレートをa個買ったときの代金

　　　　　　　　　　　　　　　　　　　　　　　[　　　　]

□ ❻ 2.4 km の道のりを分速 xm の速さで進むのにかかる時間(分) [　　　]

★　次の❼〜❿の計算をしなさい。

□ ❼ $2x+6+(x-9)$　[　　　　]　　□ ❽ $4a-5-(8a-3)$　[　　　　]

□ ❾ $3(5a+7)$　　[　　　　]　　□ ❿ $(8x+28)\div(-4)$　[　　　　]

p.83 の check! の答え ❶累積度数…18人，　累積相対度数…0.56
❷152.5㎝　➡ 詳しい解説はp.199を見てね。

第3章　方程式　復習 p.68-69

★　次の❶～❽の方程式や比例式を解きなさい。

☐ ❶ $x+3=-11$　　　　[　　　]　　☐ ❷ $3x-4=-16$　　　[　　　]

☐ ❸ $5x-6=2x+9$　　[　　　]　　☐ ❹ $8x+7=-5x-6$　[　　　]

☐ ❺ $4(x+2)-9=3$　　[　　　]　　☐ ❻ $6:x=2:5$　　　[　　　]

☐ ❼ $\dfrac{4}{15}x+1=\dfrac{3}{5}x$　　[　　　]　　☐ ❽ $0.7x+1.3=0.4x-0.8$　[　　　]

★　次の問いに答えなさい。

☐ ❾ 3本入りのボールペンと5本入りのボールペンが合わせて13セットあります。ボールペンが全部で49本あるとき，3本入りのボールペンは何セットありますか。

[　　　　　　　　]

第4章　比例と反比例　復習 p.70-75

★　次の❶～❸で，y が x に比例するものには○，反比例するものには△，どちらでもないものには×を書きなさい。

☐ ❶ 紅茶を180mL，牛乳を x mL混ぜてできるミルクティーの量 y mL　　[　　]

☐ ❷ 5mのリボンを x 等分したときの，1つ分の長さ y m　　　　　[　　]

☐ ❸ 時速 x kmの自動車で，4時間走ったときに進む道のり y km　　[　　]

★　変数 x が次の値をとるとき，x の変域を不等号を使って表しなさい。

☐ ❹ x が3以上8以下　　[　　　　]　　☐ ❺ x が−2以上0未満　[　　　]

★　次の❻，❼について，x，y の関係を式に表しなさい。

☐ ❻ y は x に比例し，$x=2$ のとき $y=8$ です。y を x の式で表しなさい。[　　　]

☐ ❼ y は x に反比例し，$x=4$ のとき $y=3$ です。y を x の式で表しなさい。[　　　]

★　右のグラフについて，次の❽～❿の問いに答えなさい。

☐ ❽ 比例のグラフ㋐，㋑の式を求めなさい。

㋐ [　　　　]　㋑ [　　　　]

☐ ❾ 反比例のグラフ㋒の式を求めなさい。

[　　　　]

☐ ❿ 比例 $y=-3x$ のグラフを右の図にかきなさい。

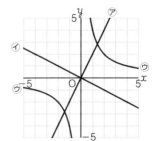

第5章　平面図形　▼復習 p.76-77 ▼　※ただし，円周率はπとします。

★ 右の図は，合同な4つの直角二等辺三角形を組み合わせたものです。次の❶～❸の問いに答えなさい。

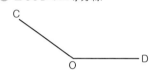

□ ❶ 辺AEと辺BDの位置関係を，記号で表しなさい。　［　　　　　］

□ ❷ 辺AEと辺FCの位置関係を，記号で表しなさい。　［　　　　　］

□ ❸ △ABCを1回の対称移動で重ね合わせることができる三角形を，すべて答えなさい。
　　　　　　　　　　　　　　　　　　　　　　　　　［　　　　　　　　　　　　　］

★ 次の❹，❺の作図をしなさい。

□ ❹ 線分ABの垂直二等分線

A————————B

□ ❺ ∠CODの二等分線

C
O　　　D

★ 次の❻，❼の長さや面積を求めなさい。

□ ❻ 半径3cmの円の円周の長さと面積　　　［円周の長さ…　　　　，面積…　　　　］

□ ❼ 半径4cm，中心角120°のおうぎ形の弧の長さと面積
　　　　　　　　　　　　　　［弧の長さ…　　　　，面積…　　　　］

第6章　空間図形　▼復習 p.78-81 ▼　※ただし，円周率はπとします。

★ 次の問いに答えなさい。

□ ❶ 次の表の**ア**～**オ**にあてはまる数やことばを答えなさい。

	三角柱	四角柱	五角柱	六角柱	三角錐	四角錐
底面の形	三角形	四角形	五角形	六角形	エ	四角形
辺の数	9	12	イ	ウ	6	オ
面の数	5	ア	7	8	4	5

★ 右の三角柱について，次の❷～❻にあてはまるものをすべて答えなさい。

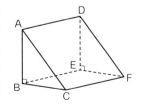

□ ❷ 辺ADと平行な辺　　　　　　　　［　　　　　　　　］

□ ❸ 辺ABと垂直に交わる辺　　　　　［　　　　　　　　］

□ ❹ 辺BCとねじれの位置にある辺　　［　　　　　　　　］

□ ❺ 面ABEDと垂直な面　　　　　　 ［　　　　　　　　］

□ ❻ 面ABCと平行な辺　　　　　　　［　　　　　　　　］

★ 次の⑦〜⑨の立体の表面積と体積を求めなさい。

□ ⑦ 円柱

□ ⑧ 円錐

□ ⑨ 球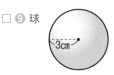

［表面積… 　　　　］ 　［表面積… 　　　　］ 　［表面積… 　　　　］

［体積… 　　　　　］ 　［体積… 　　　　　］ 　［体積… 　　　　　］

★ 次の⑩〜⑫はある立体の投影図です。この立体の名前を答えなさい。

□ ⑩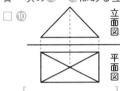

□ ⑪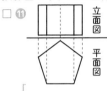

□ ⑫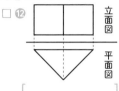

［ 　　　　　］ 　　　［ 　　　　　］ 　　　［ 　　　　　］

★ 右の図のおうぎ形を，直線ℓを軸として1回転させてできる立体
について，次の⑬，⑭の問いに答えなさい。

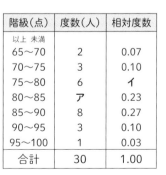

□ ⑬ どんな立体ができますか。 　　　　［ 　　　　　］

□ ⑭ できた立体の体積を求めなさい。 　　［ 　　　　　］

第7章　データの分析 　🔲 復習 p.82-83

★ あるクラスの数学のテストの結果は，右の表のよ
うになりました。次の問いに答えなさい。

□ ❶ 表の**ア**，**イ**にあてはまる数を答えなさい。

ア［ 　　　］**イ**［ 　　　］

□ ❷ 中央値（メジアン）はどの階級に入りますか。

［ 　　　　　　　　　　］

□ ❸ 最頻値（モード）を求めなさい。 　［ 　　　　］

□ ❹ 85点以上の生徒は全体の何％ですか。［ 　　　　］

階級(点)	度数(人)	相対度数
以上　未満		
65〜70	2	0.07
70〜75	3	0.10
75〜80	6	**イ**
80〜85	**ア**	0.23
85〜90	8	0.27
90〜95	3	0.10
95〜100	1	0.03
合計	30	1.00

★ 右の表は，あるボタンを投げた
ときの結果です。次の問いに答
えなさい。

投げた回数	100	500	1000	2000
表向きの回数	44	216	430	860

□ ❺ 表向きになる確率はいくらと考えられますか。小数第2位まで答えなさい。

［ 　　　］

数と式の計算

かっこのはずし方

$+(a+b) \Rightarrow +a+b$

$+(a-b) \Rightarrow +a-b$

$-(a+b) \Rightarrow -a-b$

$-(a-b) \Rightarrow -a+b$

※ $-( )$ のときの符号の変化に注意！

式を簡単にする

文字の部分が同じ項を，

$mx + nx = (m+n)x$

を使ってまとめる。

分配法則

$a(b+c) = ab + ac$

四則の混じった計算の順序

$$\Big[\text{かっこの中・累乗} \Big]$$
↓
$$\Big[\text{乗除} \Big]$$
↓
$$\Big[\text{加減} \Big]$$

1次方程式

等式の性質

$A = B$ ならば，

① $A + C = B + C$

② $A - C = B - C$

③ $A \times C = B \times C$

④ $\dfrac{A}{C} = \dfrac{B}{C} \quad (C \neq 0)$

比例式の性質

$a:b = c:d$ ならば $ad = bc$

比例と反比例

比例の関係

・比例の式

$y = ax$ （aは比例定数）

・グラフは直線

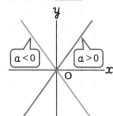

反比例の関係

・反比例の式

$y = \dfrac{a}{x}$ （aは比例定数）

・グラフは双曲線

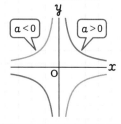

図形の移動

平行移動

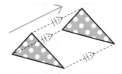

回転移動

回転の中心

対称移動

対称の軸

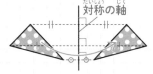

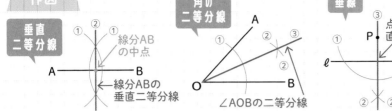

垂直二等分線

線分ABの中点

線分ABの垂直二等分線

角の二等分線

∠AOBの二等分線

垂線

点Pを通る直線 ℓ の垂線

円とおうぎ形　(π …円周率)

円

円周の長さ $\ell = 2\pi r$

円の面積 $S = \pi r^2$

おうぎ形

弧の長さ $\ell = 2\pi r \times \dfrac{a}{360}$

面積 $S = \pi r^2 \times \dfrac{a}{360}$

$\left(S = \dfrac{1}{2}\ell r\right)$

角柱と円柱　(π …円周率)

体積

$V = Sh$

表面積

→ 側面積 + 底面積 × 2

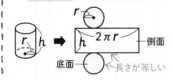

側面

底面

長さが等しい

角錐と円錐

体積

$V = \dfrac{1}{3}Sh$

表面積

→ 側面積 + 底面積

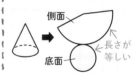

側面

底面

長さが等しい

球　(π …円周率)

体積　$V = \dfrac{4}{3}\pi r^3$

表面積 $S = 4\pi r^2$

データの分析

相対度数 $= \dfrac{\text{その階級の度数}}{\text{度数の合計}}$

平均値 $= \dfrac{(\text{階級値} \times \text{度数})\text{の合計}}{\text{度数の合計}}$ $\left(\begin{array}{l}\text{度数分布表から}\\\text{求める場合。}\end{array}\right)$

範囲 = 最大値 − 最小値

Girl's Life Column

ガールズライフコラム

Column

中1で習った数学が，
こんな場面で使えるよ。
これでステキな数学女子に
なれちゃうかも?!

文化祭の
出し物はどっち？

1年A組の文化祭の出し物案
は，合唱か演劇の2つにまでは
しぼれたけど，そこから先が決
まらない。それぞれどれくらい
好きか5段階評価でアンケート
をとったら，なんと，どちらも
平均値は3.5!!　結局，どうす
ればいいのー!?
そんなときに便利なのがヒスト
グラム！　それぞれの結果を表
してみたら，分布にちがいがあ
ることがわかったよ。

ダンスはスカートで
決めよう！

今度の体育祭で，ダンス部はキレ
キレのターンが特徴のオリジナル
ダンスを披露することになったよ。
衣装は手作りして，ターンが美し
く見えるステキなスカートにした
い！　ということは，スカートの
生地は薄くて軽いほうがターンは
もたつかなさそう。
右のA（ギャザースカート）と，
B（フレアスカート）の2つの型紙
があるけど，どっちがいいのかな
……。

デザイン
薄くて
軽い素材
←ウエスト
はゴム

面積で比べてみればいいのかな？
　Aは長方形だから，面積はすぐ
に求められるね。Bは複雑そうだ
けど，おうぎ形を組み合わせた形
になっているから……。右のよう
に求められる!!
Bのおうぎ形のほうが面積が小さ
いということは，少ない布地で作
れるし，軽くできる，ってことだ
よね。
というわけで，型紙はBのフレア
スカートに決定だね！

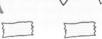

型紙A（長方形）

45cm
180cm

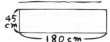

型紙B（おうぎ形）

45cm　45cm　30πcm

60πcm（およそ180cm）

型紙Aの面積
$45 × 180 = 8100$（㎠）

型紙Bの面積（※π…円周率…およそ3）

$$\left(\begin{array}{c}\text{大きいおうぎ}\\\text{形の面積}\end{array}\right) - \left(\begin{array}{c}\text{小さいおうぎ}\\\text{形の面積}\end{array}\right)$$

で，おうぎ形の面積 $S = \frac{1}{2} \ell r$ だから，

$$\frac{1}{2} × 60\pi × (45 + 45)$$
$$- \frac{1}{2} × 30\pi × 45$$
$$= 2700\pi - 675\pi = 2025\pi （㎠）$$
$$→ 2025 × 3 = 6075 （㎠）$$

⮑Bに決定！

（人）　図1 合唱の好き嫌い

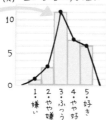

さいひんち
最頻値は「3・ふつう」，
次に「4・やや好き」が
多くて，2や1の人は
少ない。

1　2　3　4　5
嫌　やや　ふつ　やや　好
い　嫌い　う　好き　き

（人）　図2 演劇の好き嫌い

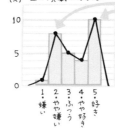

最頻値は「5・好き」の
10人だけど，「2・やや
嫌い」も8人と多い。
⇒意見がわれてる!!

1　2　3　4　5
嫌　やや　ふつ　やや　好
い　嫌い　う　好き　き

結論

山が2つにわれた「演劇」よりも，中央に山が1つの「合唱」の
ほうがみんなが納得しやすくて，無難かも…。
→合唱に
決定！

代表値は平均値だ
けじゃない!!
目的やデータの分布に
注目して選ぶことが大切だね。

CECIL McBEE
Study Collection

Science

理科の勉強が始まるよ。

1 植物のからだのつくり

花のつくり，植物のなかま分け，葉や根などの植物のからだのつくりについてまとめよう。

花のつくり

花の断面図

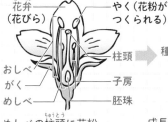

花弁（花びら）
やく（花粉がつくられる）
柱頭
おしべ
がく
めしべ
子房
胚珠

めしべの柱頭に花粉がつく（受粉）。

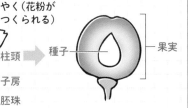

種子
果実

成長すると子房が果実になり，胚珠が種子になる。

マツの花のつくり

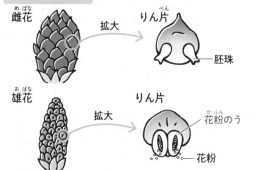

雌花
拡大
りん片
胚珠

雄花
拡大
りん片
花粉のう
花粉

花はふつう外側から，がく，花弁，おしべ，めしべの順に並んでいるよ。花弁は花びらのことだよ。

おしべのやくには花粉がつまっているんだね。

受粉すると子房と胚珠が成長して，果実と種子になるんだ。

マツにも花が咲くのを知っているかな？

花なんてあったっけ？

まつかさは，マツの雌花が変化したものだよ。マツの花には子房がなく，胚珠がむき出しでついている。このような植物を裸子植物というよ。

種子植物のなかま

胚珠

種子植物 ─┬─ 被子植物　胚珠が子房でおおわれている植物　例 アブラナ

　　　　　└─ 裸子植物　子房がなく，胚珠がむき出しの植物　例 マツ

種子をつくる植物になかま分けがあるの？

種子をつくってなかまをふやす植物を種子植物というんだ。被子植物と裸子植物があるよ。

被子植物の子葉，葉や根のつくり

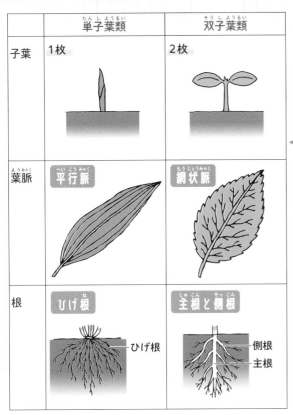

	単子葉類	双子葉類
子葉	1枚	2枚
葉脈	平行脈	網状脈
根	ひげ根	主根と側根

左の表は何？ 子葉の枚数や葉のようすがかかれてるけど…。

被子植物は，子葉が1枚の単子葉類と，子葉が2枚の双子葉類に分けられるんだ。

葉脈って，葉にある細かいすじのこと？

そうだよ。葉脈どうしが平行に通っているものを平行脈，網目のようになっているものを網状脈というんだ。
根の形も見てごらん。
ひげ根のものと，主根と側根があるものがあるんだ。

---

check! 次の問いに答えよう ♥ ♥ ♥

♥答えはp.94だよ。

1 花のつくりで，おしべ，花弁，めしべ，がくを外側から順に並べると，どうなる？

2 胚珠が子房でおおわれている植物を何という？

3 2のうち，子葉が1枚の植物を何という？

4 葉にあるすじのようなつくりを何という？

2 植物の分類

種子をつくる植物，つくらない植物についてまとめよう。

種子をつくる植物

種子植物 ─┬─ 被子植物 ─┬─ 単子葉類
          │   └─ 双子葉類
          └─ 裸子植物

種子植物にはどんなものがあったかな？

胚珠が子房でおおわれている被子植物と，むき出しの裸子植物があったよ。

単子葉類と双子葉類のちがい

	単子葉類	双子葉類
葉脈	平行脈	網状脈
根	ひげ根	主根と側根
植物の例	トウモロコシ	ツツジ，エンドウ

そうだね。被子植物はさらに子葉が1枚の単子葉類と，子葉が2枚の双子葉類に分けられたね。それぞれの特徴と植物の例を覚えておこう。

種子をつくらない植物

シダ植物

葉・茎・根の区別がある。
胞子でふえる。

コケ植物

葉・茎・根の区別がない。
胞子でふえる。

イヌワラビ

葉の裏
胞子のう
葉
茎
根
胞子

スギゴケ（雌株）
胞子
胞子のう
仮根

種子をつくらない植物には，シダ植物とコケ植物があるんだ。

種子をつくらないって，じゃあ何でふえるの？

胞子というものでふえるんだよ。シダ植物には葉・茎・根の区別があるけど，コケ植物には区別がないんだ。

コケにも根があるみたいだけど…。

それは仮根というもので，おもにからだを支える役目をしているよ。

p.93の check! の答え ①がく，花弁，おしべ，めしべ ②被子植物 ③単子葉類 ④葉脈

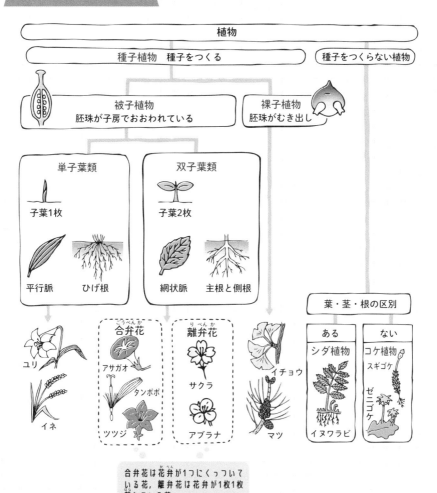

合弁花は花弁が1つにくっついて
いる花，離弁花は花弁が1枚1枚
離れている花。

答えは p.96 だよ。

check!　次の問いに答えよう ♥ ♥ ♥

1 双子葉類の根，葉脈の特徴を答えよう。

2 種子をつくらない植物のなかまを2つ答えよう。

3 2 のなかまは何でふえる？

3 動物の分類・水中の小さな生物

動物は，背骨のある脊椎動物と背骨のない無脊椎動物に分類できるよ。

脊椎動物

	魚類	両生類		は虫類	鳥類	哺乳類
生活場所	水中	（子）水中	（親）陸上	陸上	陸上	陸上
子のうまれ方	卵生	卵生		卵生	卵生	胎生
呼吸	えら	（子）えらと皮膚	（親）肺と皮膚	肺	肺	肺
体表	うろこ	しめった皮膚		うろこ	羽毛	毛
動物の例	コイ　サケ	カエル　イモリ		カメ　ヤモリ	ハト　ツル	ヒト　イヌ　クジラ

卵をうむふやし方を卵生，子をうむふやし方を胎生というよ。

胎生は，哺乳類だけなんだね。

子をうんで，乳で育てるから，哺乳類っていうんだよ。

両生類は，子と親で生活場所や呼吸のしかたが変わるんだね！

無脊椎動物

節足動物
からだが外骨格でおおわれている。
からだやあしに節がある。

昆虫類

バッタ

甲殻類

エビ

軟体動物
内臓が外とう膜でおおわれている。

アサリ

イカ

バッタやエビなどの節足動物は，からだがかたい殻でおおわれているよ。この殻を外骨格というんだ。

エビを食べるときにむく殻だね。

そうだね。イカやアサリにある外とう膜は，ふだん食べている部分にふくまれているよ。

p.95の check! の答え ❶主根と側根, 網状脈　❷シダ植物, コケ植物　❸胞子

水中の小さな生物

緑色　　　　　　　動き回る

ミカヅキモ　　ミドリムシ　　ゾウリムシ　　ミジンコ

水の中には小さな生物がたくさんいるんだね。

ほとんどが顕微鏡を使わないと見られないくらい小さいんだ。緑色の生物や動き回る生物などがいるよ。

動物の分類

動物										
脊椎動物						無脊椎動物				

子のうまれ方	卵生					胎生	卵生			
呼吸	えら	子はえらと皮膚 親は肺と皮膚	肺				気門	えら	えら（肺）		
体表など	うろこ	しめった皮膚	うろこ	羽毛	毛		外骨格			外とう膜
	魚類	両生類	は虫類	鳥類	哺乳類	その他	節足動物 その他　昆虫類　甲殻類			軟体動物

図にするとこんなふうにまとめられるんだね。

身近な動物を例にして分類してみよう。

答えは p.98 だよ。

check! 次の問いに答えよう ♥ ♥ ♥

1 背骨のある動物を何という？

2 A〜Dから，無脊椎動物をすべて選ぼう。

　A　カエル　　B　バッタ　　C　カメ　　D　イカ

3 ミカヅキモとミジンコで，よく動き回るのはどちら？

4 物質の性質

身のまわりにあるさまざまなものをつくっている物質についてまとめよう。

物質の区別

物質 身のまわりにあるいろいろなものをつくっている材料。物質には有機物と無機物がある。

有機物

炭素をふくむ物質。加熱すると炭になり、二酸化炭素と、多くの場合水を発生する。

砂糖　　　　ロウ　　　　紙　　　プラスチック

無機物

有機物以外の物質。炭素をふくまない。加熱しても炭が残らない。

食塩　　　水　　　酸素

★POINT!
炭素や二酸化炭素は炭素をふくむが、無機物だよ。

金属

電気をよく通す、熱をよく伝える、特有の金属光沢がある、たたいて広げたり引きのばしたりすることができる、などの特徴がある。

物体と物質とはちがうの?

物体は、形や使い方に注目したときの名前だよ。例えば、コップは物体、コップをつくる原料のガラスなどは物質を指す言葉だよ。

物質は有機物と無機物に分けることができるよ。炭素をふくんでいる物質が有機物、それ以外の物質は無機物。

加熱したときに炭になるものや、二酸化炭素が発生するものが有機物、ということだね。

そういうこと。金属と非金属という分け方もあるんだ。金属は、熱をよく伝えるからフライパンなどの材料になったり、うすく広げたりできるからアルミニウムはくとして使われたりしているよ。

金属に特有の光沢を利用して、アクセサリーにも使われているね。

p.97の check! の答え ①脊椎動物 ②B, D ③ミジンコ

密度

物質1cm^{3}あたりの質量を密度という。密度は，物質ごとに決まっているので，物質を見分ける手がかりになる。

$$密度〔g/cm^3〕= \frac{物質の質量〔g〕}{物質の体積〔cm^3〕}$$

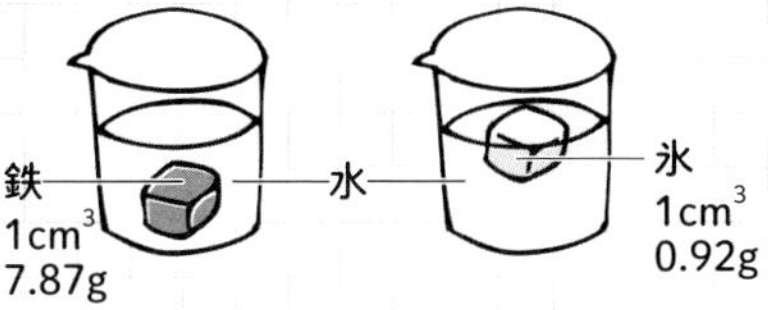

いろいろな物質の密度〔g/cm^3〕

水（4°C）	1.00	氷（0°C）	0.92
金	19.3	エタノール	0.79
鉄	7.87	水銀	13.5
アルミニウム	2.70	酸素	0.00133

（温度が示されていないものは，20°Cの値）

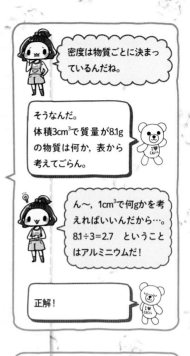

密度は物質ごとに決まっているんだね。

そうなんだ。
体積3cm^{3}で質量が8.1gの物質は何か，表から考えてごらん。

ん～，1cm^{3}で何gかを考えればいいんだから…。
8.1÷3=2.7　ということはアルミニウムだ！

正解！

メスシリンダーの使い方

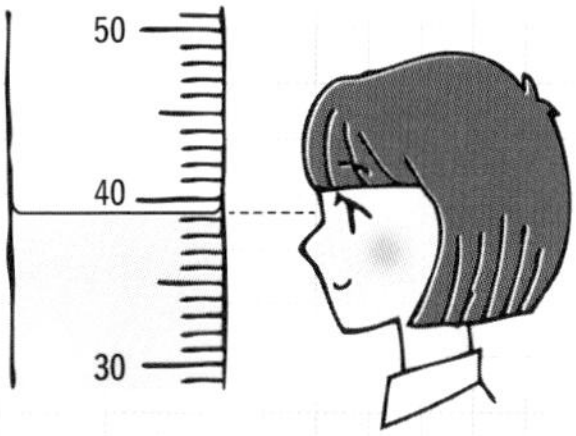

目盛りの読み方
①水平な台の上に置く。
②真横から液面の中央の平らな部分を読む。
この図の場合，39.2mLとなる。

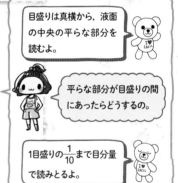

目盛りは真横から，液面の中央の平らな部分を読むよ。

平らな部分が目盛りの間にあったらどうするの。

1目盛りの$\frac{1}{10}$まで目分量で読みとるよ。

check!　次の問いに答えよう

答えはp.100だよ。

1. 身のまわりにあるさまざまなものをつくっている材料を何という？
2. 1のうち，炭素をふくむものを何という？
3. 金属の性質は，熱をよく伝える，金属光沢がある，たたいて広げたり引きのばしたりすることができる，ともう1つは何？
4. 密度を調べることで，物質を見分けることはできる？　できない？

5 状態変化

物質の状態は温度によってどのように変わるのか,
また, 状態が変わるときの温度変化について見てみよう。

状態変化

物質が温度によって,
固体, 液体, 気体と
状態を変えること。

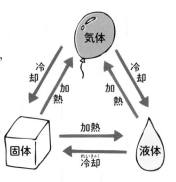
冷却 加熱 加熱 冷却
気体 固体 液体 加熱 冷却

☆POINT!
ドライアイスは二酸化炭
素の固体で, 液体になり
ないで気体になるよ。

水を加熱すると水蒸気に
なって, 冷やすと氷にな
るのが状態変化ってこと
だね。

そうだよ。固体, 液体,
気体と状態は変わって
いるけど, 物質そのもの
は変わらないんだよ。

状態変化と粒子の運動

固体
粒子がすきまなく, 規
則正しく並んでいる状
態。

液体
粒子と粒子の間隔は固
体より広く, 規則正し
く並んではいない。比
較的自由に動ける状態。

気体
粒子と粒子の間隔が広
く, 粒子が自由に飛び
回る状態。体積は固
体・液体に比べ, 非常
に大きくなる。

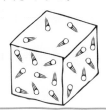

固体, 液体, 気体の順に粒子
の動きが大きくなってるね!

そうなんだ。すきまが
大きくなると体積も大
きくなるよ。ただし,
液体の水が固体の氷に
なるときは, 例外的に,
体積が大きくなるんだ。

状態変化するとき,
粒子自体や粒子の数
は変わらないから,
質量は変わらないよ。

p.99の check! の答え ❶物質 ❷有機物 ❸電気をよく通す。 ❹できる。

100

状態変化と温度

融点（ゆうてん）　固体がとけて液体に変化するときの温度。

沸点（ふってん）　液体が沸騰（ふっとう）して気体に変化するときの温度。

純粋な物質（水）を加熱したときの温度変化

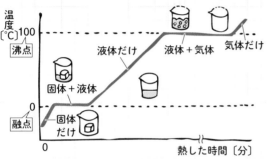

しばらく温度が一定のところが2か所あるね。

0℃が融点，100℃が沸点だよ。融点は氷がとけ始めて氷と水が混じった状態。氷が全部水になるまで，温度は変わらないよ。

じゃあ，100℃のところは水と水蒸気が混じっているんだね。

蒸留（じょうりゅう）

エタノールと水の混合物（こんごうぶつ）の加熱

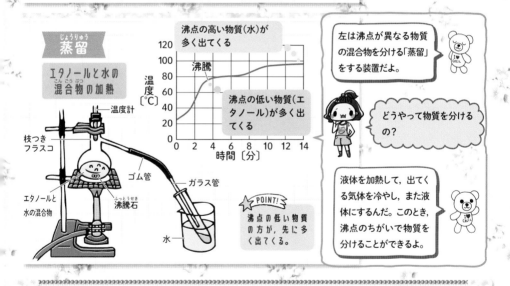

沸点の高い物質（水）が多く出てくる

沸点の低い物質（エタノール）が多く出てくる

★POINT!
沸点の低い物質の方が，先に多く出てくる。

左は沸点が異なる物質の混合物を分ける「蒸留」をする装置だよ。

どうやって物質を分けるの？

液体を加熱して，出てくる気体を冷やし，また液体にするんだ。このとき，沸点のちがいで物質を分けることができるよ。

---

check!　次の問いに答えよう ♥ ♥ ♥

♥答えはp.102だよ。

1️⃣ 物質が固体・液体・気体と温度によって状態を変えることを何という？

2️⃣ 固体・液体・気体のうち，粒子が規則正しく並んでいる状態はどれ？

3️⃣ 液体が沸騰して気体に変化するときの温度を何という？

6 気体

身のまわりの気体について，どのようなものがあるか，また性質についてまとめよう。

いろいろな気体の性質

性質＼種類	酸素	二酸化炭素	アンモニア	水素	窒素
色	ない	ない	ない	ない	ない
におい	ない	ない	特有の刺激臭	ない	ない
空気と比べた重さ	少し重い	重い	軽い	非常に軽い	ほぼ同じ
水に対するとけやすさ	とけにくい	少しとける	非常にとけやすい	とけにくい	とけにくい
気体の集め方	水上置換法	水上置換法（下方置換法）	上方置換法	水上置換法	水上置換法
そのほかの性質	ものを燃やすはたらきがある。空気の約21%を占める。	石灰水を白くにごらせる。水溶液（炭酸水）は酸性。	有毒な気体。水溶液はアルカリ性。	火をつけると燃えて水ができる。	空気の約78%を占める。

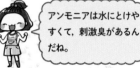

気体の発生方法

酸素 二酸化マンガンにうすい過酸化水素水（オキシドール）を加える。

二酸化炭素 石灰石にうすい塩酸を加える。

アンモニア
・アンモニア水を加熱する。
・塩化アンモニウムと水酸化カルシウムの混合物を加熱する。
・塩化アンモニウムと水酸化ナトリウムの混合物に少量の水を加える。

水素 鉄や亜鉛などの金属にうすい塩酸を加える。

酸素

うすい過酸化水素水

二酸化マンガン

二酸化炭素

うすい塩酸

石灰石

p.101の check! の答え ❶状態変化 ❷固体 ❸沸点

気体の集め方

水上置換法

気体 → 水

下方置換法

気体 → 空気

上方置換法

気体 → 空気

 POINT!

水上置換法は気体を水と置きかえて集めるので，純粋な気体を集めることができる。また，集めた量もわかりやすい。

```
                    気体
        ┌────────────┴────────────┐
  水にとけにくい              水にとけやすい
                          ┌────────┴────────┐
                    空気より密度が      空気より密度が
                    小さい（軽い）      大きい（重い）
        │                 │                 │
   水上置換法          上方置換法          下方置換法
```

💧 酸素，二酸化　　　💧 アンモニア　　　💧 二酸化炭素
炭素，水素，窒素

純粋な物質と混合物

純粋な物質（純物質） 1種類の物質でできているもの。　例 酸素，水，銅など

混合物 いくつかの物質が混ざっているもの。
例 食塩水，空気，海水など

気体を発生させたとき，集める方法には3種類あるよ。気体の性質によって使い分けるんだ。

例えばアンモニアは，水にとけやすいから水上置換法は使えないね。

そうだね。じゃあ，上方置換法と下方置換法のどちらにすればいいかな？

空気より軽いから，逆さにした試験管に集める上方置換法で集めるんだね。

物質は純粋な物質と混合物に分けられるよ。

酸素や窒素は純粋な物質で，それらが混ざった空気は混合物というわけだね！

答えはp.104だよ。

check! 次の問いに答えよう ♥ ♥ ♥

❶ 二酸化炭素は，空気と比べて軽い？　重い？

❷ ものを燃やすはたらきがあるのは，酸素？　水素？

❸ 酸素を発生させるとき，何にうすい過酸化水素水を加える？

❹ アンモニアを集めるとき，適した集め方は？

7 水溶液

水溶液にはどのような性質があるか，水溶液の濃さはどのように表すのか見てみよう。

溶液

溶質 とけている物質。

溶媒 溶質をとかしている液体。

溶液 溶質が溶媒にとけた液。

溶質 溶媒

砂糖 ＋ 水

＝

溶液 砂糖水

> とけた物質が溶質で，水のように溶質をとかしている液体が溶媒。溶質が溶媒にとけた液を溶液といい，溶媒が水のものを水溶液というんだ。

水溶液の性質

①透明

（色がついている場合もある。）

②濃さはどの部分でも同じ。

硫酸銅水溶液

溶質の粒子

> 砂糖と水で考えると砂糖が溶質，水が溶媒。砂糖水は水溶液だね。

> 透明でないと水溶液とはいえないよ。また，溶質の粒子が液の中に均等にないと，水溶液とはいえないんだ。

> しばらく置いて，下の方の色が濃くなっていたら，水溶液とはいえないんだね。

質量パーセント濃度

溶液にふくまれている溶質の質量の割合。

質量パーセント濃度〔%〕

$$= \frac{溶質の質量〔g〕}{溶液の質量〔g〕} \times 100$$

$$= \frac{溶質の質量〔g〕}{溶媒の質量〔g〕+溶質の質量〔g〕} \times 100$$

例 100gの水に25gの砂糖をとかした砂糖水の質量パーセント濃度は？

$$\frac{25g}{(100+25)g} \times 100 = 20 \quad より，20\%$$

> とうとう数式が出てきてしまった…

> だいじょうぶ，簡単な式だよ。溶質が溶液にどれくらいふくまれているかを求めたいんだから，溶質の質量を溶液の質量で割って，100をかけているだけだよ。溶液の質量は溶質と溶媒の質量の和，というわけ。簡単でしょ？

p.103の check! の答え ❶重い。 ❷酸素 ❸二酸化マンガン ❹上方置換法

溶解度

100gの水にとかすことのできる物質の限度の量。

飽和 物質が溶解度までとけていること。飽和した水溶液を飽和水溶液という。

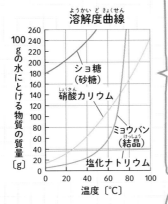

溶解度曲線

ショ糖（砂糖）
硝酸カリウム
ミョウバン（結晶）
塩化ナトリウム

100gの水にとける物質の質量〔g〕
温度〔℃〕

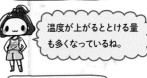
溶解度は温度によって変わるんだ。これをグラフで表したのが溶解度曲線。

温度が上がるととける量も多くなっているね。

そうだね。でも塩化ナトリウムはあまり変化がないことがわかるね。

再結晶

水溶液を冷やす方法
温度による溶解度の差が大きい物質に適している。（硝酸カリウム，ミョウバンなど）

水を蒸発させる方法
温度による溶解度の差が小さい物質でも結晶が得られる。（塩化ナトリウムなど）

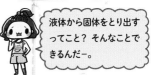

硝酸カリウム
冷やす
50℃の水にとける量
塩化ナトリウム

とけきれなくなって出てくる量

100gの水にとける物質の質量〔g〕
温度〔℃〕

一度固体をとかした水溶液から，再び結晶をとり出すことを再結晶というんだよ。

液体から固体をとり出すってこと？ そんなことできるんだー。

水溶液の温度が下がるととけきれなくなった分が結晶として出てくる。温度によるとける量の変化が少ない物質は水を蒸発させると結晶が出てくるよ。

---

check! 　次の問いに答えよう ♥ ♥ ♥

答えはp.106だよ。

1. 水溶液にとけている物質を何という？

2. 溶液にふくまれている溶質の質量の割合を何という？

3. 水溶液に溶質がそれ以上とけなくなることを何という？

4. 溶質が一定量の水にとける最大量を何という？

5. 固体をとかした水溶液から，再び結晶をとり出すことを何という？

光の性質

物体から出る光が目に入ることで，わたしたちはその物体を見ることができる。
光や凸レンズの性質を見てみよう。

光の性質

光の反射

光が物体の表面ではね返ること。

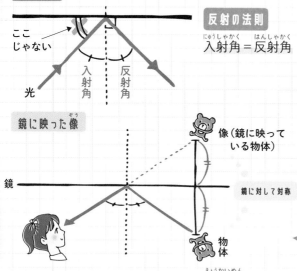

ここ
じゃない

光

入射
角

反射
角

反射の法則

入射角 = 反射角

鏡に映った像

鏡

像（鏡に映って
いる物体）

鏡に対して対称

物体

光の屈折

光が異なる物質の境界面で
折れ曲がって進むこと。

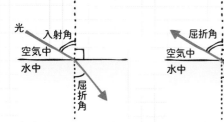

空気中→水中（ガラス中）のとき

入射角 > 屈折角

光

入射角

空気中

水中

屈折角

水中（ガラス中）→空気中のとき

入射角 < 屈折角

屈折角

空気中

水中

入射角

光

光の全反射

光がすべて反射すること。

鏡にものが映るのは光の進み方が関係しているんだ。

鏡はわたしの必需品♪

光を発するものを光源といい，光源から出た光は直進するよ。光が何かにぶつかって反射するとき，入射角と反射角は等しくなるんだ。

こっちの図は鏡でものが見えるときの光の進み方だね。フムフム。

クマの像は，クマのいる場所から鏡をはさんでちょうど反対側の位置に，同じ大きさで見えるよ。

ものの境目で光が折れ曲がることを光の屈折というんだ。

光が空気中から水中に進むとき，入射角の方が屈折角より大きくなるんだね。

水中から空気中に進むとき，入射角によっては，境界面で屈折せず，すべて反射してしまうことがある。これを全反射というよ。

p.105の check! の答え ❶溶質 ❷質量パーセント濃度 ❸飽和 ❹溶解度 ❺再結晶

凸レンズでできる像

実像

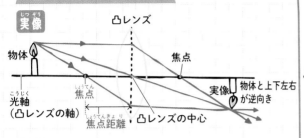

凸レンズ
物体
焦点
実像
物体と上下左右が逆向き
光軸（凸レンズの軸）
焦点
焦点距離
凸レンズの中心

虚像

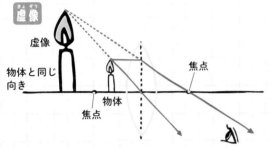

虚像
物体と同じ向き
焦点
物体
焦点

凸レンズによる像の見え方

物体の位置	像の種類	像の大きさ
焦点距離の2倍より遠い	実像	物体より小さい
焦点距離の2倍の位置	実像	物体と同じ
焦点距離の2倍の位置と焦点の間	実像	物体より大きい
焦点の位置	像はできない	
焦点の内側	虚像	物体より大きい

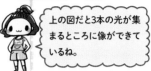
光軸に平行な光は凸レンズを通ると屈折して、反対側の1点に集められるんだ。この点を焦点というよ。

上の図だと3本の光が集まるところに像ができているね。

そうだね。実像といって、物体と上下左右が逆向きの像ができるよ。

物体が焦点の内側にあると見える像がちがうんだー！

虚像は凸レンズを通して物体と同じ側に同じ向きで見えるよ。実際に光が集まって見える像ではないから"虚"なんだ。

物体の位置によって、見える像の種類や大きさがちがうんだね！

---

check! 次の問いに答えよう 🖤 🖤 🖤

♥答えはp.108だよ。

1️⃣ 光が鏡などの表面ではね返ることを何という？

2️⃣ 2つの物質の境界面で、光が折れ曲がって進むことを何という？

3️⃣ 光軸に平行な光は凸レンズを通ったあと1点に集まる。この点を何という？

4️⃣ 凸レンズを通して物体を見たときだけに見え、実際に光が集まってできる像ではないものを何という？

9 音

音の伝わり方や音の性質についてまとめよう。

音が出ているとき, 音を出しているものは振動しているよ。

音の伝わり方

音源（発音体） 音を発生しているもの。音が出ているとき, 振動している。

波 振動が次々と伝わる現象。音は気体・固体・液体の中を波として伝わる。

音が伝わるしくみ（空気中）

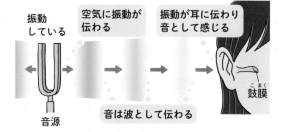

振動している／空気に振動が伝わる／振動が耳に伝わり音として感じる

音源　音は波として伝わる　鼓膜

太鼓をたたくと, 表面が振動するね。

ものの振動が空気に伝わって, 音が聞こえるんだよ。

じゃあ空気がない宇宙では, 音は伝わらないの？

そうなんだ。空気中や水などの液体中, 金属などの固体中を音は伝わるけど, 音を伝えるものがない場所では伝わらないんだ。

音の速さ

音は空気中では1秒間に約340mの速さで伝わる。

$$音の速さ〔m/s〕＝\frac{音源までの距離〔m〕}{伝わる時間〔s〕}$$

例 花火が見えてから5秒後に音が聞こえたとき, 見ている場所から花火が開いた場所までの距離は,

$$340m/s＝\frac{花火が開いた場所までの距離〔m〕}{5s}$$ より,

花火が開いた場所までの距離〔m〕
＝340m/s×5s＝1700m

打ち上げ花火は見えてから, 音が聞こえるまで少し時間がかかるよね。これは音と光の伝わる速さのちがいで起こるんだよ。

えーっと, 光の方が速いから, まず花火が見えて, そのあと音が聞こえるってことか。

p.107の check! の答え ❶（光の）反射　❷（光の）屈折　❸焦点　❹虚像

音の性質

音の大きさ 振幅が大きいほど，音は大きい。

大きい音 振幅大  弦

小さい音 振幅小

振幅

音の高さ 振動数が多いほど，音は高い。
振動数の単位はヘルツ（Hz）。

高い音 振動数多 　　低い音 振動数少

オシロスコープで表した音の波形

大きい音　　　振幅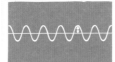

小さい音

高い音　1回の振動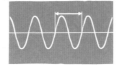

低い音

振幅とは音源などの振動の振れ幅のことだよ。大きい音と小さい音で，振幅がちがっているんだ。

振幅が大きいほど，音は大きくなっているね。

振動数は，音源などが1秒間に振動する回数のことだよ。周波数ともいうね。

振動数が多いほど，音は高くなるんだね。

音の大小，高低を波で表すと，ちがいがわかりやすいね。

---

check! 次の問いに答えよう ♥ ♥ ♥

♥答えはp.110だよ。

❶ 音を発生しているものを何という？

❷ ❶は，音が出ているとき，どうなっている？

❸ 音は空気中で1秒間に約何mの速さで伝わる？

❹ 振動数が多い音ほど，大きい？　小さい？　低い？　高い？

力

力にはどのようなはたらきがあるか，力の表し方，2つの力のつり合い
などについて見てみよう。

力のはたらき

①物体の形を変える。　②物体を持ち上げる（支える）。　③物体の動きを変える。

> 物体が①～③のどれかの状態になっていれば，力がはたらいているということだよ。

> 力には，いろいろな種類があるんだね。

いろいろな力

弾性力（だんせいりょく）	変形した物体がもとにもどろうとして生じる力
摩擦力（まさつりょく）	ふれ合う物体がこすれるときに動きをさまたげる力
磁力（じりょく）	磁石の極と極の間にはたらく力
電気の力	電気がたまった物体などに生じる力
重力（じゅうりょく）	地球が，物体を地球の中心に引く力

> 弾性力の例としては，ばねやゴムの力などがあるね。摩擦力は自転車のブレーキを思い出してみて。電気の力は，セーターなどでこすった下じきが紙などを引きつける力だよ。

力の大きさとばねののび

力の大きさ 約100gの物体にはたらく重力の大きさを
1ニュートン（N）として表す。

フックの法則 ばねののびは，加えた力の大きさに
比例する。

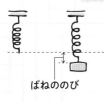

ばねののび

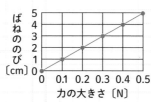

ば
ね
の
の
び
〔cm〕

力の大きさ〔N〕

> おもりが重くなるほどばねがのびてる～。

> そうだね。加える力の大きさを2倍，3倍，…にすると，ばねののびも2倍，3倍，…となるよ。

p.109の check! の答え ❶音源（発音体）　❷振動している。　❸約340m　❹高い。

力の表し方

作用点，力の大きさ，力の向き
は矢印で表すことができる。

力は矢印で表せるんだね。

力の大きさは矢印の長さ，力の向きは矢印の向き，作用点は矢印の根もとの位置だよ。

重さと質量

重さはばねばかり，質量は上皿てんびんではかることができる。

重さ 物体にはたらく重力の大きさ。
単位はニュートン（N）

質量 物体そのものの量。単位は
グラム（g）やキログラム（kg）

重さと質量のちがいはわかるかな？
重さは物体にはたらく重力の大きさで，重力の小さい月では地球より小さくなる。質量は物体そのものの量で，月でも地球でも変わらないよ。

力のつり合い

☆POINT!
2つの力がつり合う条件

① 大きさが等しい
② 向きが反対
③ 一直線上にある

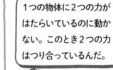
1つの物体に2つの力がはたらいているのに動かない。このとき2つの力はつり合っているんだ。

力のバランスがくずれたら？

どちらかの力が大きくなれば，大きい方の力の向きに動くよ。

---

check! 次の問いに答えよう ♥ ♥ ♥ 　　　答えはp.112だよ。

1 力のはたらきは，物体の動きを変える，物体の形を変えると，もう1つは何？

2 ばねに加えた力の大きさとばねののびの関係を表す法則は何？

3 力を表すときの3つの要素は，作用点と力の大きさ，もう1つは何？

4 つり合っている2つの力の向きは，どうなっている？

火山・火成岩

火山の成り立ちや噴火，マグマからできた岩石についてまとめよう。

火山の噴火

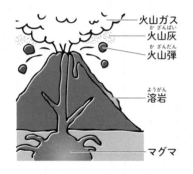

火山ガス
火山灰
火山弾
溶岩
マグマ

地下の岩石が高温でとけたマグマが，噴火で火口から地上に出てきたものを溶岩というよ。小さな粒の火山灰や，ラグビーボール状の火山弾，軽石も噴出することがあるんだ。マグマの性質や噴火の大きさによって噴出物はちがってくるよ。

火山って，鹿児島県の桜島とか？

そうだね。日本は火山の数が多く，およそ1万年以内に噴火した火山が100以上もあるんだよ。

マグマのねばりけと火山の形

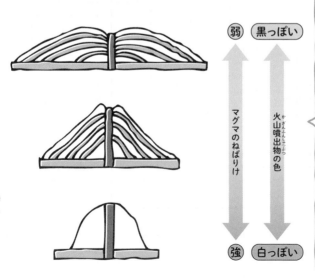

弱　黒っぽい

マグマのねばりけ

火山噴出物の色

強　白っぽい

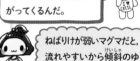

マグマのねばりけによって，火山の形が大きくちがってくるんだ。

ねばりけが弱いマグマだと，流れやすいから傾斜のゆるやかな火山になるね。

そう，噴火のしかたも比較的おだやかだよ。

ねばりけの強い火山では，ドーム状に盛り上がってる。

この形の火山は激しい噴火をするよ。

p.111の check! の答え ❶物体を持ち上げる（支える）。 ❷フックの法則 ❸力の向き ❹反対（逆）

マグマからできた岩石

火成岩 マグマが冷え固まってできた岩石。

火成岩 ─┬─ **火山岩**…地表近くで急速に冷え固まった岩石。斑状組織をもつ。

　　　　└─ **深成岩**…地下の深いところでゆっくり冷え固まった岩石。等粒状組織をもつ。

斑状組織

石基（細かい粒からなる）

斑晶（比較的大きな鉱物）

等粒状組織

大きな鉱物が組み合わさってできている。

火山岩	流紋岩	安山岩	玄武岩
深成岩	花こう岩	せん緑岩	斑れい岩

白 ◄────	色	────► 黒
少 ◄────	有色鉱物	────► 多
多 ◄────	無色鉱物	────► 少

マグマがゆっくり冷え固まると、鉱物が大きく成長して、等粒状組織になる。一方、急速に冷え固まると鉱物が成長する時間がないので、大きめの鉱物は部分的にしかないんだ。

地表で急冷・火山岩、地下でゆっくり・深成岩、だね。

代表的な火成岩を並べてみたよ。

新幹線は（深成岩）（花こう岩）（せん緑岩）（斑れい岩）
刈り上げ（火山岩）（流紋岩）（安山岩）（玄武岩）

と覚えるといいよ。

なんで色がちがうの？

黒っぽい鉱物（有色鉱物）と白っぽい鉱物（無色鉱物）のふくまれている量の割合で色のちがいができるんだ。黒っぽい鉱物には黒雲母、白っぽい鉱物には石英などがあるよ。

---

check! 次の問いに答えよう ♥ ♥ ♥

答えはp.114だよ。

1. 火山の噴出物を1つ答えよう。

2. マグマのねばりけが弱いと、どんな形の火山になる？

3. 火成岩のうち、地表近くで急速に冷え固まった岩石を何という？

4. 3に見られる、斑晶が石基に囲まれたつくりを何という？

12

地震

地震の起こるしくみやゆれの伝わり方についてまとめよう。

地震のゆれ

震央
震源

震源は地震の発生したところで地下にある。

震央は震源の真上の地表の地点か。震源のまわりの円は何？

地震の波の伝わり方を示す円だよ。地震は震源からどの方向にも一定の速さで伝わるんだ。

地震計の記録

| はじめの小さいゆれ | 大きいゆれ |

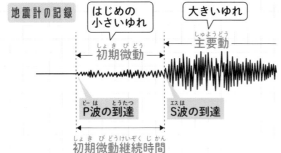

初期微動
主要動
P波の到達
S波の到達
初期微動継続時間

地震が起こると2つの波が同時に発生する。はじめに伝わる速い波をP波，遅い波をS波というよ。P波によって起こる小さなゆれを初期微動，S波によって起こる大きなゆれを主要動っていうんだよ。
P波とS波が到達した時刻の差を初期微動継続時間といい，震源から遠いほど長くなるよ。

震度とマグニチュード

震度

ある地点での地震によるゆれの程度。日本では0〜7の10段階で表す。震度5・6は，それぞれ弱・強がある。

震度はゆれの強さの程度，マグニチュードは地震のもつエネルギーの大きさを表しているんだね。

マグニチュード（記号M）

地震の規模を表す尺度。マグニチュードが1ふえると，地震のエネルギーはおよそ32倍になる。

そうそう，エネルギーの大きな地震でも，ふつうは震源から離れるほど震度は小さくなるよ。

---

p.113の check! の答え　❶溶岩，火山灰，火山れき，火山弾，軽石，火山ガスから1つ
❷傾斜のゆるやかな火山　❸火山岩　❹斑状組織

地震の起こるしくみ

地球の表面は**プレート**という十数枚の岩石の板の層でおおわれている。

日本付近には4枚のプレートがあり，海洋プレートが大陸プレートの下に沈みこんでいる。

①海洋プレートが大陸プレートの下に沈みこむ。

大陸プレート ➡ 海洋プレート

②大陸プレートが海洋プレートに引きずりこまれる。

③大陸プレートのひずみが大きくなり，たえきれなくなると反発が起き，地震が発生する。

海洋プレートが大陸プレートの下に沈みこむところでは，大陸プレートは力を受けて変形するんだけど，この変形にたえきれなくなると，もとにもどったり破壊されたりする。これが海溝型地震だ。

地面の下でこんなことが起こっているんだ！

地下の岩石が破壊されると，大地にも大きなずれができる。これが断層だよ。今後も動く可能性のある断層は活断層とよばれるんだ。活断層のずれで起こるのが，内陸型地震だよ。

地震災害

がけくずれや地割れ，建築物の倒壊などが起こる。

埋立地や河川沿いの土地が軟弱になること。

大規模・急激な海底の変形により発生する波。

地震では大変なことが起こるね。

ハザードマップを活用して，備えておきたいね。

---

check! 次の問いに答えよう ♥ ♥ ♥

答えはp.116だよ。

1 地震が発生した場所を何という？

2 初期微動と主要動を伝える波が到達するまでの時刻の差を何という？

3 地震の規模の大きさを表すのは何？

4 今後も動く可能性のある断層を何という？

13 地層

地層の性質やでき方，地層にふくまれている化石についてまとめよう。

地層のでき方

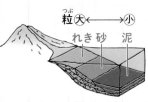

風化 岩石が気温の変化や水のはたらきでくずれること。

地層 風化によって生じたれき，砂，泥が流水で運ばれ，海底などに堆積して層になったもの。

流れる水のはたらき

侵食	岩石が水のはたらきなどでけずられること。
運搬	れきや砂などが水のはたらきで下流へ運ばれること。
堆積	れきや砂などが流れのゆるやかなところに積もること。

大地の変動

断層 大地の変動によって大きな力が加わってできた地層のずれ。

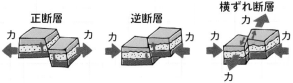

正断層　　逆断層　　横ずれ断層

しゅう曲 大地の変動によって大きな力が加わり，地層が曲がったもの。

力 ➡ ⬅ 力

粒の大きいものは河口の近くに，粒の小さいものは遠くに運ばれて堆積するね。

何層も積み重なっているみたいだけど。

長い年月をかけて積み重なっているんだ。上の層ほど新しいよ。下の図は，地層のようすを表した柱状図というものだ。図の火山灰の層は，離れた場所の地層を比べるのに利用でき，このような層を鍵層というんだ。

れきと砂の層	➡ 河口に近くなった
砂の層	
火山灰の層	➡ 火山の噴火があった
砂の層	➡ 河口に近くなった
泥の層	
砂の層	➡ 河口から遠くなった

新 → 古

地面は動かないと思っていたけど，ずいぶん動いているんだね。

そうだね。力の加わり方によって，いろんな断層ができたり，押し曲げられてしゅう曲とよばれる状態になったりするよ。

p.115の check! の答え ❶震源 ❷初期微動継続時間 ❸マグニチュード ❹活断層

地層をつくる岩石

堆積岩 れき，砂，泥などが積もり，長い間に固まった岩石。

凝灰岩以外©shutterstock

堆積岩	岩石をつくるもの，特徴
れき岩	れき（直径2mm以上の粒）
砂岩	砂（直径$\frac{1}{16}$〜2mmの粒）
泥岩	泥（直径$\frac{1}{16}$mm以下の粒）
石灰岩	生物の死がいなど（炭酸カルシウム）。うすい塩酸をかけると二酸化炭素が発生。
チャート	生物の死がいなど（二酸化ケイ素）。とてもかたい。
凝灰岩	火山灰，軽石など。粒が角ばっている。

れき岩，砂岩，泥岩は細かい土砂や鉱物の粒でできた岩石で，粒の大きさで分けられる。これらの粒は，流水で運ばれているから粒が丸みを帯びているよ。石灰岩とチャートは生物の死がいなどでできた岩石。火山灰などが降り積もってできたのが凝灰岩だね。

石灰岩とチャートはどちらも生物の死がいなどからできているけど，成分がちがうんだね。うすい塩酸をかけて二酸化炭素が発生するかで区別っと。

化石

示相化石 地層ができた当時の環境を推定する手がかりとなる化石。

サンゴ	シジミ	ブナ
あたたかく浅い海	湖や河口	やや寒冷な気候

示準化石 地層ができた時代を推定することができる化石。栄えた時代が限られていた生物の化石。

古生代	中生代	新生代
サンヨウチュウ	アンモナイト	ビカリア

化石は昔の動物や植物のからだや，足跡が残ったものだよね？

そうだね。左のような化石があるよ。示相と示準，まぎらわしいから注意しよう。

---

check! 次の問いに答えよう ♥ ♥ ♥

答えはp.118だよ。

❶ 大地の変動により大きな力が加わり，地層が曲がったものを何という？

❷ れき，砂，泥などが積もり，長い間に固まった岩石を何という？

❸ 地層ができた当時の環境を知る手がかりとなる化石を何という？

Check Test チェックテスト 🌸 理科

答えと解説は
p.202 を見てね。

第1章　いろいろな生物と共通点 　♥復習 p.92-97

★　[　　] に適する語を入れ，（　　）から最も適するものを選び，記号に○をつけましょう。

□ ❶ アブラナとツツジの花のつくりで，共通するつくりは花弁，めしべ，
[　　　　　　　], [　　　　　　　] である。

□ ❷ 図1のAを [　　　　　　　], Bを [　　　　　　　] という。

□ ❸ 受粉後，図1のAは [　　　　　　　] に，
Bは [　　　　　　　] に成長する。

図1

□ ❹ 胚珠が子房でおおわれている種子植物を
[　　　　　　　] という。

□ ❺ 胚珠がむき出しの種子植物を [　　　　　　　] という。

□ ❻ 図2の根で，Aは [　　　　　　　],
Bは [　　　　　　　] という。

図2

A　　　　　B　　　　C

□ ❼ 図2のCのような形の根を
[　　　　　　　] という。

□ ❽ 単子葉類の葉は，図3の（ **ア　イ**）で，
このような葉脈を [　　　　　　　] という。

□ ❾ シダ植物やコケ植物は，[　　　　　　　] で
ふえる。

図3　ア　　　　　イ

★　次の各問いに答えなさい。

□ ❿ 図4の5種類の動物は，すべて背骨があります。こ
のような動物を何といいますか。[　　　　　　　]

図4

イヌ　　カエル

□ ⓫ 図4で，イヌのように親の体内である程度育っ
た子をうむふやし方を何といいますか。
[　　　　　　　]

コイ　　ヤモリ　　ハト

□ ⓬ 図4で，カエルは子のときと親のときで呼吸のしかたが変わります。それぞれ何
で呼吸しますか。　　　子 [　　　　　　　]
親 [　　　　　　　]

□ ⓭ 図5は無脊椎動物を表しています。からだやあ
しが多くの節に分かれている動物をすべて選び
なさい。　　　[　　　　　　　]

図5

イカ　　マイマイ

カニ　　カブトムシ

□ ⓮ ⓭の動物を何といいますか。　[　　　　　　　]

p.117 の check! の答え ❶しゅう曲　❷堆積岩　❸示相化石

★ 次の各問いに答えなさい。

□ ❶ 炭素をふくみ，燃やすと二酸化炭素を発生する物質を何といいますか。

[　　　　　　　　　]

□ ❷ ❶の物質を，右の ☐ からすべて選びなさい。

| 食塩　砂糖　小麦粉 |
| 酸素　プラスチック　銅 |

[　　　　　　　　　]

□ ❸ 質量が20gで体積が5cm³の物質の密度を求めなさい。　　[　　　　　　　] g/cm³

★ [　] に適する語を入れ，（ ）から最も適するものを選び，記号に○をつけましょう。

□ ❹ 物質が状態変化するとき，全体の質量は（ア 変化する　イ 変化しない）。

□ ❺ 物質をつくる粒子間の間隔が広く，自由に飛び回るのは [　　　　　　　] の状態である。

□ ❻ 固体がとけて液体に変化するときの温度を [　　　　　　]，液体が沸騰して気体に変化するときの温度を [　　　　　] という。

□ ❼ 図1のグラフで，純粋な物質だと考えられるのは（ア　イ）である。

図1
〈液体を加熱したときの温度変化〉

温度〔℃〕　イ　ア
加熱時間〔分〕

□ ❽ 液体を加熱して沸騰させ，出てくる気体を冷やして再び液体としてとり出す操作を [　　　　　] という。

□ ❾ 水とエタノールの混合物を加熱すると，先に（ア 水　イ エタノール）が多く出てくる。

□ ❿ 石灰水を白くにごらせるのは（ア 酸素　イ 二酸化炭素）である。

図2

□ ⓫ 二酸化マンガンにうすい過酸化水素水（オキシドール）を加えると [　　　　　] が発生する。

□ ⓬ うすい塩酸に（ア 石灰石　イ 亜鉛）を加えると水素が発生する。

□ ⓭ 図2の気体の集め方を [　　　　　] 置換法といい，（ア 二酸化炭素　イ アンモニア）を集めるのに適する。

□ ⓮ 砂糖水の「砂糖」は（ア 溶質　イ 溶媒）である。

□ ⓯ 砂糖20gを水80gにとかした砂糖水の質量パーセント濃度は [　　　　　] ％。

□ ⓰ 物質が一定量の水にとける最大量を [　　　　　] という。

図3

100gの水にとける物質の質量〔g〕
100
80　硝酸カリウム
60
40
20　塩化ナトリウム
0　10 20 30 40 50 60
温度〔℃〕

□ ⓱ 図3で，水溶液を冷やして結晶をとり出す方法が適するのは（ア 塩化ナトリウム　イ 硝酸カリウム）である。

□ ⓲ 固体の物質を水にとかし，再び固体の結晶としてとり出すことを [　　　　　] という。

第3章　身のまわりの現象　♡ 復習 p.106-111

★　[ ]に適する語を入れ,（ ）から最も適するものを選び, 記号に○をつけましょう。

□ ❶ 図1で, 光が反射するとき, AとBの角度は
（ア A＝B　イ A＞B　ウ A＜B）となる。

図1　光

A B

□ ❷ 光が物質の境界面で曲がって進む現象を
[　　　　　　　]という。

□ ❸ 図2で, 空気中から水中に入った光は
（ア　イ　ウ）のように進む。

図2　光

空気
水

ウ
イ
ア

□ ❹ 光が水中から空気中に進むとき, 入射角があ
る大きさ以上になると光が水面ですべて反射
する現象を [　　　　　　]という。

□ ❺ 光軸に平行な光が, 凸レンズを通ったあと集まる点を [　　　　　　]という。

□ ❻ 物体が凸レンズの焦点の外側にあるときにできる像は（ア 実像　イ 虚像）
で, 物体と（ウ 同じ向き　エ 上下左右が逆向き）である。

□ ❼ 物体が凸レンズの焦点の内側にあるときに見える像は（ア 実像　イ 虚像）
で, 物体と（ウ 同じ向き　エ 上下左右が逆向き）である。

□ ❽ 雷の稲光が見えてから音が聞こえるまでに3秒かかったとき, この場所から雷ま
での距離は [　　　　　]mである。（音の速さを340m/sとする。）

□ ❾ 図3で, 最も大きい音は
（ア　イ　ウ　エ）である。

図3　ア　　　　　　　イ

□ ❿ 図3で, 最も高い音は
（ア　イ　ウ　エ）である。

ウ　　　　　　　エ

□ ⓫ 地球がその中心に向かって物体を引
く力を [　　　　　]という。

□ ⓬ 変形した物体がもとにもどろうとして生
じる力を（ア 摩擦力　イ 弾性力）という。

□ ⓭ 力の大きさを表す単位は [　　　　　　]である。

□ ⓮ ばねののびは加えた力の大きさに比例することを [　　　　　　]の法則という。

□ ⓯ 力を矢印で表すとき, 矢印の長さは（ア 力の大きさ　イ 作用点）を表す。

□ ⓰ 物体そのものの量を表すのは,（ア 重さ　イ 質量）である。

□ ⓱ 1つの物体に2つの力がはたらいていて, 物体が静止しているとき, 2つの力は
[　　　　　　]という。

□ ⓲ 2力がつり合う条件は　・大きさが [　　　　]。

　　　　　　　　　　　　　　・向きが [　　　　]。

　　　　　　　　　　　　　　・一直線上にある。

第4章　大地の変化　♥復習 p.112-117♥

★ [ ] に適する語を入れ，（ ）から最も適するものを選び，記号に○をつけましょう。

□ ❶ 地下にある，岩石が高温で
とけたものを
[　　　　　] という。

図1

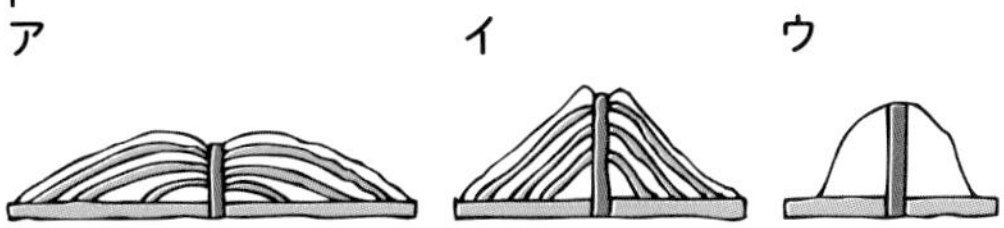

ア　　　　　　イ　　　　　　ウ

□ ❷ 図1で，❶のねばりけが最
も弱い火山は（ ア　イ　ウ ）である。

□ ❸ 図1で，噴火のしかたが最も激しい火山は（ ア　イ　ウ ）である。

□ ❹ マグマが地表近くで急速に冷え固まって
できた岩石を [　　　　　] といい，
つくりは図2の（ A　B ）である。

図2

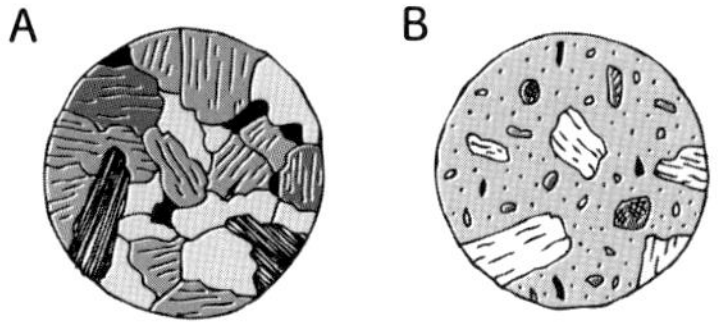

A　　　　　　B

□ ❺ マグマが地下深くでゆっくり冷え固まっ
てできた岩石を [　　　　　] といい，
つくりは図2の（ A　B ）である。

□ ❻ 図2の岩石Bのつくりを（ ア 斑状組織　イ 等粒状組織 ）という。

□ ❼ 白っぽい色の深成岩は（ ア 玄武岩　イ 花こう岩 ）である。

□ ❽ 石英は（ ア 黒っぽい　イ 白っぽい ）鉱物である。

□ ❾ 地下で地震が発生した場所を [　　　　　]，その真上の地表の点を [　　　　　]
という。

□ ❿ 図3で，Aのゆれを [　　　　　]，Bの
ゆれを [　　　　　] という。

図3
〈地震計の記録〉

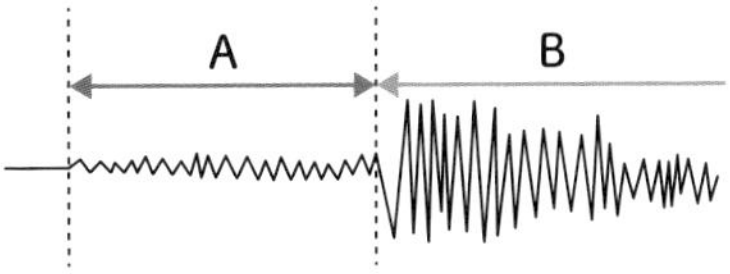

A　　　　　　B

□ ⓫ 図3で，Bのゆれを起こすのは，（ ア P波
イ S波 ）である。

□ ⓬ Aのゆれが続く時間は，震源からの距離が
遠いほど，（ ア 短くなる　イ 長くなる ）。

□ ⓭ 地震の規模の大きさを表すのは（ ア 震度　イ マグニチュード ）である。

□ ⓮ 大きな力が加わって地層が曲がったものを（ ア 断層　イ しゅう曲 ）という。

□ ⓯ れき岩や砂岩の粒は（ ア 丸みを帯びている　イ 角ばっている ）。

□ ⓰ うすい塩酸をかけると二酸化炭素が発生するのは（ ア 石灰岩　イ チャート ）である。

□ ⓱ 火山灰などが堆積してできた堆積岩を [　　　　　] という。

□ ⓲ 地層ができた当時の環境を知る手がかりとなる化石を（ ア 示相化石　イ 示準化
石 ）という。

□ ⓳ アンモナイトは（ ア 古生代　イ 中生代　ウ 新生代 ）の（ エ 示相化石　オ 示準化
石 ）である。

鉱物の美しいものが宝石

キラキラ輝くダイヤモンドなどの宝石の多くは鉱物からできているんだよ。鉱物の中で美しいものが宝石となるんだ。

同じ鉱物でも成分のちがいで色が変わって、宝石名も変わるものがあるよ。たとえば、コランダムとよばれる鉱物に微量のクロムという成分がふくまれると真っ赤に見え、ルビーとよばれるけど、それ以外はサファイアとよばれるよ。サファイアは青色のものが有名だね。わずかに鉄などをふくむから青く見えるよ。

誕生石って何?

1月から12月までの各月に当てられた宝石を「誕生石」といい、自分の生まれた月の誕生石を身に着けていると幸運をよびこむと言われているんだよ。

ここでは代表的な誕生石を紹介するよ。

大人になったら、自分へのご褒美に買ってみるのもいいね☆

1月

誕生石 **ガーネット**
鉱物 **ざくろ石**

2月

誕生石 **アメシスト**
鉱物 **石英**

3月

誕生石 **アクアマリン**
鉱物 **緑柱石**

4月
誕生石・鉱物 **ダイヤモンド**

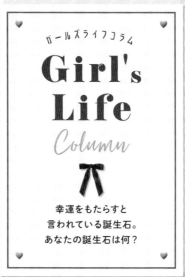

ガールズライフコラム
Girl's Life
Column

幸運をもたらすと言われている誕生石。あなたの誕生石は何?

5月

誕生石 **エメラルド**
鉱物 **緑柱石**

6月

誕生石 **ムーンストーン**
鉱物 **長石**

7月

誕生石 **ルビー**
鉱物 **コランダム**

8月

誕生石 **ペリドット**
鉱物 **カンラン石**

9月

誕生石 **サファイア**
鉱物 **コランダム**

10月

誕生石・鉱物 **オパール**

11月

誕生石・鉱物 **トパーズ**

12月

誕生石・鉱物 **トルコ石**

Social Studies

社会の勉強が始まるよ。

世界の姿①

地球の表面はどのようになっているのだろうか。6大陸と3大洋，6つの州，
さまざまな国境線，面積の大きい国と小さい国をみていくよ。

地球の姿

地球の表面は陸地と海洋からなる。

陸地 6大陸と周辺の島々からなる。

海洋 3大洋と，日本海などの小さな海からなる。

▲6大陸と3大洋

陸地と海洋では，3：7で海洋のほうが広いんだよね。6大陸には何があるの？

大陸で最も面積が大きいのはユーラシア大陸だよ。

へぇ〜。じゃあ，3大洋には何があるんだっけ？

地図を見てみてね。ちなみに3大洋のうち，最も大きいのは太平洋だよ。

世界の地域区分

世界は6つの州に分けられる。

▲世界の地域区分

アジア州の区分 東アジア，東南アジア，
南アジア，西アジア，中央アジア。

あれ？ 6大陸と名前が違う州があるよ。

うん。ユーラシア大陸はアジア州とヨーロッパ州に分かれるし，オーストラリア大陸は，オセアニア州だよ。

面積が最も大きい州はアジア州かな？

そうだね。アジア州は人口も最も多い州なんだ。

さまざまな国境線

国と国との境界を**国境**といい，国境に沿って国境線が引かれている。

国境線 自然の地形や緯線・経線などを利用。

▶自然を利用した国境線

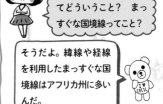

緯線や経線を利用するってどういうこと？ まっすぐな国境線ってこと？

そうだよ。緯線や経線を利用したまっすぐな国境線はアフリカ州に多いんだ。

★POINT！
自然を利用した国境線には，山脈のほかに川，湖，海などを利用した国境線があるよ。

なんでアフリカ州に多いの？

ヨーロッパの国々がアフリカ州の大部分を植民地にしていたときに，民族の分布を無視して，緯線や経線に沿って境界線を引いたからなんだ。

世界のさまざまな国々

世界には，190を超える独立国がある。

島国（海洋国） 周りがすべて海の国。

内陸国 海に全く面していない国。

★POINT！
ロシアの面積は日本の約45倍だよ。

面積が大きい国 ロシアが最大。

人口が多い国 中国，インドが多い。

第1位	ロシア	1710万km²	第1位	中国	14.4億人
第2位	カナダ	999万km²	第2位	インド	13.8億人
第3位	アメリカ合衆国	983万km²	第3位	アメリカ合衆国	3.3億人
第4位	中国	960万km²	第4位	インドネシア	2.7億人
第5位	ブラジル	852万km²	第5位	パキスタン	2.2億人

（2018年）　▲面積が大きい国

（2020年）（2020/21年版「世界国勢図会」）　▲人口が多い国

面積が最も小さい国ってどこなの？

イタリアのローマ市内にあるバチカン市国だよ。なんと東京ディズニーランドよりも小さい国なんだ。

へぇ〜。東京ディズニーランドに行きたくなってきちゃった♥

---

check! 次の問いに答えよう ♥ ♥ ♥

答えはp.126だよ。

❶ 6つの州のうち，面積が最も大きく，人口も最も多い州は？

❷ 世界で最も面積が大きい国は？

世界の姿②

地図上に示されている緯度と経度とはどのようなものだろうか。
気温と季節の違いができるしくみ，さまざまな地図の特徴を勉強しよう。

地球上の位置

地球上の位置は，緯度と経度で表すことができる。

緯度 南北を90度ずつに分けたもの。

経度 東西を180度ずつに分けたもの。

☆POINT！
同じ緯度を結んだ線を緯線，
同じ経度を結んだ線を経線
というよ。

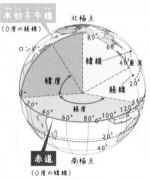
▲緯度と経度

本初子午線
（0度の経線）
北極点
緯線
緯度
経線
経度
赤道
（0度の緯線）
南極点

緯度と経度は何を基準としてるんだっけ？

緯度の基準は，0度の緯線の赤道だよ。経度の基準は，イギリスのロンドンを通る経度0度の本初子午線なんだ。

それで，結局どれが緯線と経線なの？

赤道と平行に引かれた横の線が緯線，北極点と南極点を結ぶ縦の線が経線だよ。

気温と季節の違い

気温 北極や南極に近づくほど低く，赤道周辺が高い。

季節 北半球と南半球は季節が逆になる。

▲気温差ができるしくみ

エネルギーが小さい
エネルギーが大きい
太陽の光
赤道

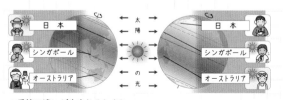
▲季節の違いが生まれるしくみ

日本
シンガポール
オーストラリア
太陽の光
日本
シンガポール
オーストラリア

なんで季節の違いができるの？

地球は地軸が傾いたまま太陽の周りを回っているから，北半球に太陽の光が多く当たるとき（夏），南半球にはあまり光が当たらないんだ（冬）。

気温は，赤道から北極や南極に行くにつれて低くなるんだね。

緯度が高くなるにつれて気温が下がるんだよ。

p.125の check! の答え ❶アジア州 ❷ロシア（連邦）

地球儀と世界地図

世界地図には，さまざまな図法がある。

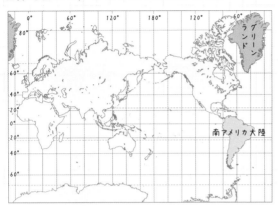
▲緯線と経線が直角に交わる地図

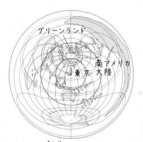
▲中心からの距離と方位が正しい地図

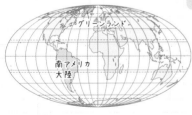
▲面積が正しい地図

☆POINT!
2点間を結んだ直線が経線に対して常に同じ角度になる。高緯度に行くほど実際の面積より大きく表される。

☆POINT!
中心の地点とある地点を結んだ直線が最短距離となり，2地点の方位も正しく表される。中心以外の地点どうしの距離と方位は正しくない。

☆POINT!
面積は正しいが，高緯度になるほど陸地の形のゆがみが大きくなる。

面積も方位も距離も，全部正しい地図はないの？

ないんだ。地球儀は地球をそのまま小さくした模型だから，全て正しいんだけどね。

そっか，地球はほぼ球体だから，1枚の紙には表せないのね。

そう。みかんの皮をむいても平らにできないのと同じだよ。

グリーンランドと南アメリカ大陸って，どっちの面積が大きいのかな？

一番上の地図だと，グリーンランドのほうが大きく見えるね。でも，この地図は面積を正しく表せないよ。

面積が正しい地図は，一番下の地図だね。この地図だと，南アメリカ大陸の方が大きくみえるから，実際に大きいのは南アメリカ大陸？

そのとおりだよ！

答えはp.128だよ。

check! 次の問いに答えよう ♥ ♥ ♥

① 緯度の基準となる0度の緯線は？

② 経度の基準となる0度の経線は？

日本の範囲

世界の中で日本はどのあたりにあるのだろう。
日本の東西南北の端や，領土をめぐる問題についてもおさえておこう。

日本の位置

日本はユーラシア大陸の東にあり，周りを太平洋などの海に囲まれた島国(海洋国)である。

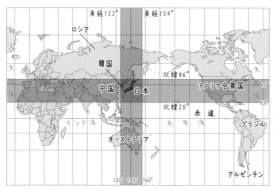

▲日本と同緯度・同経度の地域

日本の位置を緯度と経度で表すとどうなるの？

日本は北半球の北緯約20〜46度，東半球の東経約122〜154度の間にあるよ。

ふ〜ん。日本から近い国ってどんな国があるの？

中国や韓国，ロシアなどが近いよ。ブラジルやアルゼンチンは最も遠いんだ。

日本の範囲

日本は北海道，本州，四国，九州の4つの大きな島と周辺の島々からなる。

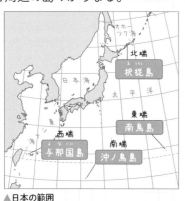

▲日本の範囲

POINT!
沖ノ鳥島は護岸工事が行われたよ!!

▲沖ノ鳥島
(アフロ)

南鳥島は，南がつくのに日本の東の端なの？

うん。南鳥島は日本の東の端で，沖ノ鳥島が日本の南の端だから気をつけて！

護岸工事って？

そのままだと水没して日本の排他的経済水域が減ってしまうおそれがあったから，護岸工事を行ったんだよ。

p.127の check! の答え ❶赤道 ❷本初子午線

国の領域

国の領域は領土，領海，領空からなる。海岸線から200海里以内で，領海を除く水域を排他的経済水域という。

▲国の領域

▲日本の排他的経済水域

日本の排他的経済水域は広いほうなの？狭いほうなの？

日本は島々が点在しているから，ほかの国に比べて排他的経済水域が広いんだ。

排他的経済水域が広いと何かお得なの？

沿岸国は，排他的経済水域内の水産資源や鉱産資源を利用する権利をもつから，とても重要なんだよ！

領土をめぐる動き

北方領土は，ロシアが不法に占拠している。

▲北方領土の位置

▲竹島の位置

▲尖閣諸島の位置

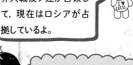
北方領土は日本固有の領土だけど，第二次世界大戦後ソ連が占領して，現在はロシアが占拠しているよ。

ほかにも領土をめぐる動きはあるの？

島根県の竹島は韓国が不法に占拠し，沖縄県の尖閣諸島は中国などが領有権を主張しているよ。

check! 次の問いに答えよう ♥ ♥ ♥   答えはp.130だよ。

1 日本の南の端の島は？

2 海岸線から200海里以内で領海を除く水域は？

4 時差，都道府県と地域区分

日本と世界の国々の間ではどのくらいの時差があるのだろう。
47都道府県や地域区分についてもおさえておこう。

世界と日本の時差

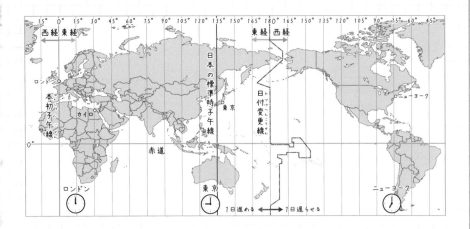

POINT!
地球は1日（＝24時間）
かけて1周（＝360度）
するから，1時間だと
360（度）÷24（時間）
＝15（度）回るよ。

時差 場所による時刻のずれ。経度15度で1時間の時差。

標準時 各国が基準として定めている時刻。

日本は兵庫県明石市を通る東経135度の経線（標準時子午線）上の時刻を標準時としているんだ。

135（度）−0（度）で，135度ってこと？

時差の計算って難しそう〜。簡単な計算方法はないの？

そう！ 時差は，経度15度ごとに1時間だから，その経度差÷15で，時差が求められるよ。

まず，二つの都市の経度の差を求めてみて。例えば，東経0度のロンドンと，東経135度の東京だと？

135（度）÷15（度）だから…東京とロンドンの時差は，9時間だね！

p.129の check! の答え ❶沖ノ鳥島 ❷排他的経済水域

47都道府県

日本には47の都道府県がある。
１都(東京都)，１道(北海道)，２府(大阪府，京都府)，43県。

第1位	北海道	83424km²
第2位	岩手県	15275km²
第3位	福島県	13784km²
…	⋮	⋮
第47位	香川県	1877km²

(2019年)(2021年版「県勢」)
▲各都道府県の面積(大きい順)

第1位	東京都	1392万人
第2位	神奈川県	920万人
第3位	大阪府	881万人
…	⋮	⋮
第47位	鳥取県	56万人

(2019年)(2021年版「県勢」)
▲各都道府県の人口(多い順)

47都道府県の位置と名前は地図帳などで確認しておこうね。都道府県庁所在地も要チェックだよ。

47も覚えられるかなぁ…。

都道府県名と都道府県庁所在地名が違うところだけ覚えておけばいいよ。

日本の地域区分

7地方区分がよく使われる。

POINT!
東日本と西日本の二つに分ける区分など，さまざまな区分があるよ!

日本は7つの地方に分けられるんだね。

うん。中国・四国地方を中国地方と四国地方に分けることもあるよ。

へぇ～。もっと細かい分け方もあるんだね。

そうだよ。例えば，中部地方は日本海側の北陸，内陸の中央高地，太平洋側の東海に分けることがあるんだ。

---

check! 次の問いに答えよう ♥ ♥ ♥　　　　答えはp.132だよ。

1 日本は何度の経線上の時刻を標準時としている?

2 47都道府県のうち，最も面積が大きい都道府県は?

5 世界各地の人々の生活と環境①

世界には暑いところ，寒いところ，乾燥したところなど，さまざまな気候の地域があるよ。
そこに住む人々がどんな暮らしをしているか，みていこう。

世界の気候帯

世界の気候帯 熱帯，乾燥帯，温帯，冷帯（亜寒帯），寒帯。

▼熱帯
1年中高温

▼乾燥帯
降水量が少ない

▼温帯
温暖で四季がある

▼冷帯（亜寒帯）
冬の寒さが厳しい

▼寒帯
1年中低温

日本の気候 大部分が，降水量が多い温帯の温暖湿潤気候。

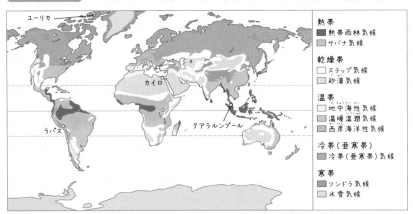

熱帯
■ 熱帯雨林気候
□ サバナ気候

乾燥帯
□ ステップ気候
□ 砂漠気候

温帯
□ 地中海性気候
■ 温暖湿潤気候
□ 西岸海洋性気候

冷帯（亜寒帯）
■ 冷帯（亜寒帯）気候

寒帯
■ ツンドラ気候
□ 氷雪気候

▲世界の気候帯

日本は四季があって過ごしやすいよね〜。熱帯雨林気候とサバナ気候の違いって何なの？

どちらも熱帯なんだけど，熱帯雨林気候は1年中降水量が多く，サバナ気候は雨季と乾季があるよ。

砂漠気候は雨がほとんど降らなくて，ステップ気候は少し降るってこと？

うん。ちなみにツンドラ気候は夏だけ地表の氷が溶けるけど，氷雪気候は1年中雪と氷に覆われるよ。

p.131の check! の答え ❶東経135度 ❷北海道

暑い地域の暮らし

（風通しの良い服）

熱帯は1年中高温で，雨が多い気候。

暮らし 熱帯雨林の葉や木材を利用した住居や，高床の住居で暮らす。

気温（℃）／降水量（mm）
年平均気温27.3℃
年降水量2672.3mm
（2021年版「理科年表」）

▲クアラルンプール（マレーシア）の雨温図

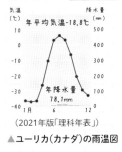

▲高床の住居

POINT!
湿気を防ぐために床を高くしている。

熱帯っていかにも暑そう！ 熱帯にある国ってどこなの？

例えば，太平洋にある島国のサモアやツバルなどは熱帯だよ。

へえ〜。ほかにも熱帯の国はあるの？

赤道周辺の国は熱帯に属するよ。東南アジアのマレーシアやインドネシアも熱帯だよ。

寒い地域の暮らし

（あざらしやカリブーの毛皮を利用した服）

カナダの北部は寒さが厳しい寒帯。

暮らし 先住民のイヌイットが住み，雪を固めたイグルーを利用して狩りをしてきた。

気温（℃）／降水量（mm）
年平均気温-18.8℃
年降水量78.1mm
（2021年版「理科年表」）

▲ユーリカ（カナダ）の雨温図

▼イグルー

▲あざらし猟

寒いの苦手〜。カナダのほかにはどこが寒いの？

ロシア東部のシベリアは冷帯（亜寒帯）で，冬の寒さが厳しいんだよ。

日本よりずっと寒いの？

寒いよ。永久凍土といって，ほぼ1年を通じて地面が凍っているんだ。寒さに強いタイガ（針葉樹林）が広がっているよ。

---

check! 次の問いに答えよう ♥ ♥ ♥

答えはp.134だよ。

1 乾燥帯は，砂漠気候と何気候に分かれる？

2 熱帯の地域でみられる湿気を防ぐための住居は？

6 世界各地の人々の生活と環境②

乾燥した地域と高地・温暖な地域の暮らしを確認しよう。
また，世界の人々はどんな宗教を信仰しているのかな。

乾燥した地域の暮らし

（強い日差しから
身を守るために，
丈が長い服）

乾燥帯は雨が少なく乾燥した気候。

暮らし 土をこねてつくった日干しれんがの
住居がみられる。

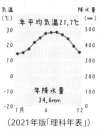

気温（℃）　降水量（mm）
年平均気温21.7℃
年降水量
34.6mm
（2021年版「理科年表」）
▲カイロ（エジプト）の雨温図

▲日干しれんがの住居

▶ラクダ

乾燥帯って，なんとなく
砂漠のイメージ！

砂漠が広がっているところも多いね。アフリカ大陸にある世界最大のサハラ砂漠の南部に接するサヘルでは，砂漠化が進んでいるんだ。

聞いてるだけで，のどが乾いてきた〜。

砂漠の中には，常に水が得られるオアシスというところもあるよ！

高地と温暖な地域の暮らし

アンデス山脈の高地では標高に合わせた暮らし。
温暖な地中海周辺ではトマトやオリーブを使った料理が多い。

気温（℃）　降水量（mm）
年平均気温8.6℃
年降水量
816.5mm
（2021年版「理科年表」など）
▲ラパス（ボリビア）の雨温図

リャマ
（主に運
搬用）

アルパカ
（主に毛
をとる）

（アルパカの毛で
つくったポンチョ）

アンデス山脈の高地に住む人々は，寒さに強いリャマやアルパカを生活に利用しているよ。

アルパカかわいい〜♥
ホカホカであったかそう。

地中海沿岸では，夏の強い日差しに備えて，窓が小さい住居がみられるよ。また，熱が伝わりにくい石造りの家もみられるよ。

p.133の check! の答え ❶ステップ気候 ❷高床（式）の住居

世界の宗教

三大宗教 世界中に広がっている仏教，キリスト教，イスラム教が三大宗教。

民族宗教 特定の民族や地域と強く結びついた宗教。ヒンドゥー教，ユダヤ教，神道(しんとう)など。

▲宗教の分布

□キリスト教 　■仏教　　■イスラム教　　□その他
□ヒンドゥー教　■仏教・儒教(じゅきょう)・神道などが重なる地域

キリスト教とイスラム教の分布が広いね！

キリスト教はヨーロッパや南北アメリカ，イスラム教は北アフリカや西アジアなどで信者が多いんだ。

仏教はアジアに信者が多いよね？

そうだね。日本を含(ふく)めた東アジアから東南アジアにかけて信者が多いよ。

宗教と暮らし

宗教は人々の生活に密接に関わっている。

仏教	キリスト教	イスラム教

信者から食料などをもらう「托鉢」の習慣がある。	日曜日に教会に礼拝に行く。	1日5回，聖地メッカに向かって祈りをささげる。

宗教によって，さまざまな習慣や決まりがあるんだね。

イスラム教にはほかにも，豚肉(ぶたにく)を食べない，お酒を飲まない，日が出ている時間帯は飲食をしない時期があるなど，さまざまな決まりがあるよ。

日本人は，宗教にこだわらず，いろいろな宗教行事を楽しんでるよね。

---

check! 次の問いに答えよう ♥ ♥ ♥

答えはp.136だよ。

1️⃣ 乾燥帯の地域でみられる，土をこねてつくった住居の材料は？

2️⃣ 豚肉を食べることや飲酒を禁じている宗教は？

アジア州①

日本が属するアジア州には，ほかにどんな国があるんだろう。
地形や気候，さかんな産業についてもみていくよ。

東・東南アジアの自然と農業

気候 沿岸部は季節風（モンスーン）の影響（えいきょう）を
受けて，雨季と乾季（かんき）に分かれる。

◀東アジアの
国々と地形

POINT!
長江（ちょうこう）や黄河（こうが）などの大河が流れているよ。

◀東南アジアの
国々と地形

POINT!
植民地時代に開かれたプランテーションが，いまも各地で経営されているよ。

アジア州の文化

中国の文化 日本や朝鮮半島（ちょうせん）は，漢字や生活習
慣など，中国（ちゅうごく）の文化の影響を受けている。

宗教 仏教，イスラム教，キリスト教などは，
商人や宣教師を通じてアジア各地に広がる。

ヒマラヤ山脈って聞いたことがあるよ。

世界一高い山のエベレスト山（チョモランマ）がある山脈だよ。

東アジアや東南アジアではどんな農業がさかんなの？

広い地域で稲作（いなさく）がさかんだよ。二期作といって，1年に2回米をつくってるところもあるんだ。

いっぱいおかわりできるね。食後にはデザートが食べたいな。

東南アジアのプランテーション（大農園）では，バナナや天然ゴムなどがつくられているよ。

アジアには，いろいろな宗教が広がっているのね〜。

古くからシルクロードや海路などで交流がさかんだったからね。

p.135の check! の答え ❶日干しれんが ❷イスラム教

中国と韓国の様子

中国 一人っ子政策で人口を抑制。経済特区を設置して外国企業を誘致⇨「世界の工場」に。

韓国 1960年代から工業化を進める⇨アジアNIES(新興工業経済地域)の一つに。

一人っ子政策

経済特区

中国は人口が多いよね！

そうだよ。人口は14億人を超えるんだ。人口の増加を抑えるために一人っ子政策を行ってきたけど、2015年に廃止されたよ。

経済特区って何？

外国の企業を優遇する沿岸部の地域だよ。外国企業のお金や技術を取り入れるために設置されたよ。

東南アジアの工業とASEAN

工業 モノカルチャー経済の国が多かったが、近年工業化が進んだ。

POINT!
かつては天然ゴムや原油など、現在は機械類が輸出の中心となっているよ。

1975年 38億ドル

天然ゴム 21.9%	パーム油 14.3	すず 13.1	木材 12.0	原油 9.3	その他

⬇

2018年 2473億ドル

石油製品7.3　液化天然ガス4.0

機械類 42.2%	その他

原油3.8

◀マレーシアの輸出品目の変化
(2020/21年版「日本国勢図会」など)

モノカルチャー経済とは、特定の農作物や鉱産資源の生産・輸出に頼る経済だよ。

何か問題でもあるの？

国際価格の変動や天候不順による不作などの影響を受けるので、経済的に不安定だよ。

経済 東南アジアの10か国で東南アジア諸国連合(ASEAN)を結成し、地域統合を進めている。

---

check! 次の問いに答えよう ♥ ♥ ♥　　　答えはp.138だよ。

💟 中国が人口の増加を抑えるために行ってきた政策は？

💟 東南アジアの10か国が結成している組織は？

8 アジア州②, ヨーロッパ州①

南アジア, 西アジア, 中央アジアの様子についてみていこう。
また, ヨーロッパ州にはどんな地形が広がり, どんな民族が住んでいるのかな。

南アジアの様子

農業 デカン高原で綿花, インドのアッサム地方やスリランカで茶の栽培がさかん。

▲南アジアの国々と地形

POINT!
ガンジス川下流域では米が, インダス川流域では小麦や綿花が栽培されているよ。

インドっていったら, やっぱりカレーだよね。

カレーのイメージは強いね。インドでは工業もさかんになったんだよ。

例えば, どんな工業がさかんなの?

南部の都市のベンガルールでは情報通信技術（ICT）産業が発達しているんだ。

西アジアと中央アジアの様子

鉱業 ペルシャ湾岸は世界最大の石油の産出地。産油国は石油輸出国機構（OPEC）を結成。

▲西アジアと中央アジアの国々

西アジアって石油王がいるイメージ♡

うん。日本は, サウジアラビアやアラブ首長国連邦などから石油を多く輸入しているよ。

中央アジアってどんなところ?

石油や天然ガス, レアメタル（希少金属）など資源が豊富だよ。西アジアと中央アジアにはイスラム教徒が多いよ。

p.137の *check!* の答え ❶一人っ子政策 ❷東南アジア諸国連合（ASEAN）

ヨーロッパ州の自然

地形 南部に険しいアルプス山脈が連なる。

気候 西部は西岸海洋性気候，南部は夏に乾燥_{かんそう}する地中海性気候_{ちちゅうかいせい}に属する。

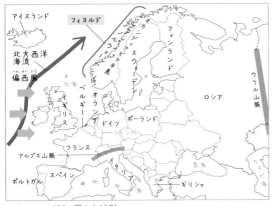

▲ヨーロッパ州の国々と地形

フィヨルドってギザギザで手を切っちゃいそう！

フィヨルドは氷河に削ら_{けず}れてできた奥深い湾なんだ。ヨーロッパにはライン川などの国際河川が流れているよ。

西岸海洋性気候ってどんな気候なの？

暖流の北大西洋海流と偏西風の影響_{えいきょう}で，高緯度_{こうい}のわりに温暖なんだ。偏西風は1年を通して西から吹く風だよ。

ヨーロッパ州の言語

言語 大きく北西部のゲルマン系，南部のラテン系，東部のスラブ系に分かれる。

ドイツ語
（ゲルマン系）

イタリア語
（ラテン系）

ブルガリア語
（スラブ系）

▲世界の「おはよう」

ヨーロッパの多くの人々は，キリスト教を信仰_{しんこう}しているよ。

クリスマスはキリスト教の行事だよね♥

そうだね。ゲルマン系はプロテスタント，ラテン系はカトリック，スラブ系は正教会の信者が多いんだ。

---

check!　　次の問いに答えよう ♥ ♥ ♥　　　　　　　答えはp.140だよ。

❤ ペルシア湾岸で産出がさかんな鉱産資源_{こうさんしげん}は？

💙 スカンディナビア半島に広がる氷河に削られてできた奥深い湾は？

139

ヨーロッパ州②

ヨーロッパ州の国々が結成しているEUとはどんな組織なんだろう。
ヨーロッパの産業や環境問題についてもみていくよ。

ヨーロッパ連合（EU）

ヨーロッパの国々はヨーロッパ連合（EU）を結成
している。

政策 共通通貨ユーロの導入や関税の撤廃。

▲EU加盟国数の推移　　　　（2020年12月現在）

ヨーロッパ州の農業

混合農業や地中海式農業がさかん。

▲混合農業　　▲酪農　　▲地中海式農業

ヨーロッパの国々は何で
EUをつくったの？

政治的・経済的な結び
つきを強めるためだよ。

じゃあユーロは何？

EUの共通通貨で，導入
している国なら両替しな
いで買い物できるんだ。

関税の撤廃も意味がわ
からないよ～！

関税は輸入品にかかる
税金だよ。関税がなくな
れば輸入品が安くなるの
で，貿易がさかんになる
よ。

ぶどうを原料にしたワイ
ンの生産もさかんだよ。

とくに農業がさかんな国
はあるの？

フランスだよ。広い農地
で小麦などを大量に生
産しているよ。

p.139の check! の答え ❶石油（原油）　❷フィヨルド

ヨーロッパ州の鉱工業

臨海部で石油化学工業，大都市部近郊で自動車工業や先端技術(ハイテク)産業が発達。

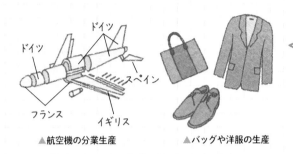

▲航空機の分業生産　　▲バッグや洋服の生産

飛行機を分業してつくるってどういうこと？

それぞれの部品づくりを各国で分担して，フランスなどで組み立てるんだよ。

服やバッグって，ブランドものってこと？欲しい〜♥

フランスやイタリアのブランドが有名だね。

ヨーロッパ州の環境問題とその対策

問題　酸性雨　　　地球温暖化

↓

対策　パークアンドライド　　再生可能エネルギーの利用

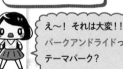
地球温暖化が進んで海面が上がると，南太平洋のツバルなどの島国は水没するかもしれないんだ。

え〜！ それは大変！！パークアンドライドって，テーマパーク？

うぅん。郊外に自動車を駐車して，そこから電車などに乗り換えて都市の中心部に入るしくみだよ。自動車の排出ガスを減らせるよ。

答えはp.142だよ。

check!　次の問いに答えよう ♥ ♥ ♥

❶ ヨーロッパの国々が結びつきを強めるために結成している組織は？

❷ ❶の組織が導入している共通通貨は？

10 アフリカ州

アフリカ州には50を超える国があるよ。どんな産業がさかんかみていこう。
アフリカの課題についてもおさえておこう。

アフリカ州の自然と歩み

気候 赤道周辺は熱帯，南と北には乾燥帯と温帯が広がる。

▲アフリカ州の国々と地形

POINT!
世界一長い
ナイル川が流
れているよ。

サハラ砂漠って世界一広い砂漠だよね？またのどが乾いてきたよ〜！

アフリカ州のほとんどの地域は，かつてヨーロッパの国々の植民地だったんだ。その後，独立したよ。

アフリカでは奴隷貿易が行われてたってほんと…？

16世紀以降，多くの人々がアフリカ大陸から南北アメリカ大陸に連れ去られたんだよ。

アフリカ州の農業

プランテーションで輸出用作物を栽培している。

▲カカオ豆

▲コーヒー豆

計525万t

コートジボワール 37.4%	ガーナ 18.0	インドネシア 11.3	その他

カメルーン 5.9
（2018年）　ナイジェリア 6.3

（2020/21年版「世界国勢図会」）

▲カカオ豆の生産量の割合

POINT!
インドネシア以外はギニア湾岸の国々だよ。

プランテーションは大きな農園で，輸出用の作物を大量につくるよ。

チョコレート大好き♥

茶はケニアで生産量が多く，チョコレートの原料のカカオ豆は，コートジボワールやガーナで生産量が多いんだ。

p.141の check! の答え ❶ヨーロッパ連合（EU）　❷ユーロ

アフリカ州の鉱業

アフリカ州は鉱産資源が豊富で，近年はレアメタル（希少金属）の採掘もさかん。

例 南アフリカ共和国は世界的な金の産地。

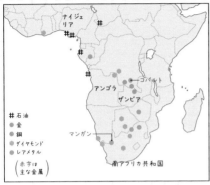

▲アフリカ州南部の鉱産資源

私もいつかダイヤモンドの指輪欲しいな〜♥

ダイヤモンドのほかにも金や銅などがたくさん産出するよ。

レアメタルって何？貴重なものっぽいけど。

生産量・流通量が少ないので，希少金属ともいうよ。携帯電話などの電子機器に使われるんだ。

アフリカ州の課題

スラム　都市部には貧しい人たちが住み，衛生状態がとても悪いスラムが形成されている。

モノカルチャー経済

▲ザンビアの輸出品の割合

（2020/21年版「世界国勢図会」）

★POINT!
アフリカにはモノカルチャー経済の国が多く，経済が不安定なのが問題！

ほかにも食料不足による餓死者や難民の発生も問題になってるよ。サハラ砂漠南部に接するサヘルでは砂漠化が深刻だよ。

いろいろな課題があるんだね。あれ，モノカルチャー経済って何だったっけ？

137ページを見てみて！アフリカの国々はこうした問題を協力して解決するために，アフリカ連合（AU）を結成しているよ。

次の問いに答えよう ♥ ♥ ♥

答えはp.144だよ。

1 アフリカ州を流れる世界一長い川は？

2 ギニア湾岸の国々で生産量が多い農作物は？

11 北アメリカ州

アメリカ合衆国（がっしゅうこく）はさまざまな分野で世界をリードする大国だよ。
その産業や文化，世界の国々とのつながりについてみていこう。

北アメリカ州の自然

気候 北部は寒帯や冷帯（亜寒帯（あ）），西部は乾燥（かんそう）
帯，東部と南西部は温帯，南部は熱帯が広がる。

▲北アメリカ州の国々と地形

☆POINT!
西部に険しいロッキー
山脈，東部になだら
かなアパラチア山脈
が連なっているよ。

プレーリーとグレートプ
レーンズって何なの？

どちらも草原だよ。ミシ
シッピ川や五大湖，西
部のロッキー山脈，東
部のアパラチア山脈もし
っかり覚えておこうね！

アメリカって流行の最先
端（さいせん）ってイメージ！

野球やジャズ，ジーン
ズやハンバーガーなど
はアメリカで生まれて世
界中に広まった文化だ
よ。

アメリカ合衆国の民族と生活様式

民族 先住民と多くの移民からなる多民族国家。

アジア系　　　ヨーロッパ系

ネイティブ
アメリカン

ヒスパニック　　　　アフリカ系

ヒスパニックはスペイン
語を話すメキシコや中
南米からの移民だよ。

アメリカと日本はどんな
関係なの？

生活様式 自動車が日常生活に欠かせない車社会。
大量生産・大量消費の考えのもと，コンビニエン
ススストアやファストフード店などが誕生。

おたがいに重要な貿易
相手国なんだ。日米安
全保障条約を結んでい
て，軍事的な結びつき
も強いよ。

p.143の check! の答え ❶ナイル川 ❷カカオ豆（カカオ）

アメリカ合衆国の農業

アメリカ合衆国では，適地適作と大型機械を使った企業的な農業がさかん。

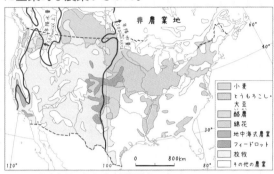

▲アメリカ合衆国・カナダの農業地域 （2010年版「グーズ世界地図」ほか）

アメリカは「世界の食料庫」っていうんだよね。なんで？

小麦やとうもろこし，大豆などの生産がさかんで，たくさん輸出しているからなんだ。

じゃあ適地適作ってどういうこと？

地域の気候や土地などの自然環境に合った農作物をつくることだよ。人だと，適材適所っていうよね。

アメリカ合衆国の鉱工業

アメリカは鉱産資源が豊富で，現在は北緯37度以南のサンベルトが工業の中心地。

工業 航空宇宙産業や情報通信技術（ICT）産業。

▲アメリカ合衆国の鉱産資源の分布とさかんな工業

（2010年版「グーズ世界地図」ほか）

航空宇宙産業は先端技術（ハイテク）産業っていうよ。高度な技術が必要なんだ。

シリコンバレーって何？バレーボールみたい。

シリコンバレーの「バレー」は，英語で谷って意味だよ。情報通信技術産業の企業が集中しているよ。

---

check! 次の問いに答えよう ♥ ♥ ♥　　　　答えはp.146だよ。

1 アメリカ合衆国に住む，スペイン語を話すメキシコなどからの移民は？

2 アメリカ合衆国の工業の中心地となっている北緯37度以南の地域は？

12 南アメリカ州

南アメリカ州は，地球上で日本のちょうど反対側にあるよ。
自然や歴史，さかんな産業などについてみていこう。

南アメリカ州の自然

地形 険しいアンデス山脈が南北に連なる。

気候 北部は熱帯で，南に行くにつれて温帯や乾燥帯などが広がる。

▲南アメリカ州の国々と地形

アマゾン川って流域面積が世界一なんだっけ？

そうそう。流域のアマゾン盆地には，熱帯雨林が広がっているんだ。セルバとも呼ばれるよ。熱帯雨林の減少が問題になっているんだ。

西には長い山脈があるね。

アンデス山脈だね。アンデス山脈の赤道付近は標高が高いので，1年中涼しい高山気候に属するよ。

南アメリカ州の歩みと農業

かつてブラジルはポルトガル，その他の多くの地域はスペインの植民地だった。

農業 コーヒーやさとうきびの栽培がさかん。

計1030万t

| ブラジル 34.5% | ベトナム 15.7 | | | その他 |

コロンビア 7.0

（2018年）　インドネシア 7.0
（2020/21年版「世界国勢図会」）

▲コーヒーの生産量の割合

POINT!
ブラジルはコーヒーの輸出量も世界一だよ。

南アメリカ州では，どんな言語が使われているの？

かつて植民地支配した国の言語がそのまま使われてるよ。ブラジルではポルトガル語，その他の多くの国々はスペイン語が公用語だよ。

アルゼンチンのパンパとよばれる草原では，小麦の栽培と牧畜がさかんだよ。

p.145の check! の答え ❶ヒスパニック ❷サンベルト

南アメリカ州の鉱業

鉱産資源が豊富で，各国の重要な輸出品。ブラジルとアルゼンチンで鉄鋼業や自動車工業が発達。

	主な産出地
石油	エクアドル，ベネズエラ
鉄鉱石	ブラジル
銅	チリ，ペルー
銀	ペルー，チリ
レアメタル	ウユニ塩湖

▲カラジャス鉄山（ブラジル）

ブラジルのカラジャス鉄山では，露天掘りによってたくさんの鉄鉱石を産出しているよ。日本へも輸出されているよ。

南アメリカ州は鉱産資源がたくさんとれるんだね～！

ほかにもボリビアのウユニ塩湖は，レアメタルの一つであるリチウムが埋蔵されているよ。

南アメリカ州の環境問題

アマゾン川流域で，牧場や道路建設のために熱帯雨林の伐採が進む⇨熱帯雨林の減少が問題に。

影響	対策
・二酸化炭素の増加，酸素の減少。 ・先住民の伝統的な生活がおびやかされる。 ・動植物の絶滅の危機。 二酸化炭素の増加　動植物の絶滅 	・森林の一部を保護地域に指定し，開発を規制。 ・さとうきびを原料としたバイオエタノール（バイオ燃料）の使用。 ・非政府組織（NGO）などによる植林活動。

熱帯雨林が減少すると，いろいろな問題が起こるんだね。

アマゾン川の開発には，日本をはじめとする外国の企業も関わってるよ。

バイオエタノールって，何？

さとうきびやとうもろこしを原料としてつくられる燃料だよ。地球にやさしいエネルギーとされているよ。

check! 次の問いに答えよう ♥ ♥ ♥

答えはp.148だよ。

1 南アメリカ州を流れる流域面積が世界一の川は？

2 ブラジルのカラジャスで産出され，日本へも輸出される鉱産資源は？

13 オセアニア州

オセアニア州にはオーストラリア大陸と多くの島々があるよ。
自然の特色やさかんな産業などについてみていこう。

オセアニア州の自然

気候 オーストラリアの大部分は乾燥帯，太平洋の島々は熱帯に属する。

民族 オーストラリアにはアボリジニ，ニュージーランドにはマオリと呼ばれる先住民が住んでいる。

POINT!
オセアニア州は
オーストラリア
大陸とニューギ
ニア島，太平洋
にある島々から
なるよ。

▲オセアニア州の国々と地形

オセアニアってさんご礁がきれいなんでしょ!?　テレビで見たことあるよ！

そうだね。オセアニア州にはさんご礁でできた島や，火山の活動によってできた火山島があるよ。

島がたくさんあるんだね！どんな島なの？

自然豊かな美しい島々だったよ。ただ，地球温暖化による海面上昇の影響で，ツバルなど海抜の低い島々は沈み始めているんだよ。

オセアニア州の産業

オーストラリア 羊や肉牛の飼育がさかん。羊毛の生産量は世界有数。

ニュージーランド 乳牛と羊の飼育がさかん。乳製品や羊毛が重要な輸出品。

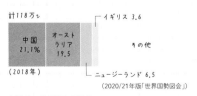

計118万t

| 中国 21.1% | オースト ラリア 19.5 | | | その他 |

イギリス 3.6
ニュージーランド 6.5

（2018年）
（2020/21年版「世界国勢図会」）

▲羊毛の生産量の割合

オーストラリアでは小麦の栽培もさかんだ。牛肉や小麦は日本へ多く輸出されているんだ。

オーストラリア産の牛肉は「オージービーフ」ってよばれてるよね。

乾燥した内陸部では，放牧で飼育されてるよ。

p.147の check! の答え ❶アマゾン川　❷鉄鉱石

オーストラリアの鉱工業

鉱工業 石炭や鉄鉱石，ボーキサイト，金などの鉱産資源が豊富。

POINT! 西部は鉄鉱石が多いね。

POINT! 東部は石炭が多いよ。

▲オーストラリアの鉱産資源

凡例：
- ＃ 石油
- △ 天然ガス
- ◇ 金
- ▲ 鉄鉱石
- ● 石炭
- ◉ ウラン
- ■ ボーキサイト

0　500Km

西部で鉄鉱石，東部で石炭…。覚えられるかな。

鉄製の短刀と覚えるといいよ。鉄鉱石が西（製）部，石炭（短）が東（刀）部ってことね。

えっ，すごい！一瞬で覚えられた！！

オーストラリアで産出した石炭や鉄鉱石は，日本へもたくさん輸出しているんだ。

オーストラリアと世界の国々

オーストラリアではかつて白豪主義の政策をとっていたが，1970年代に廃止した。

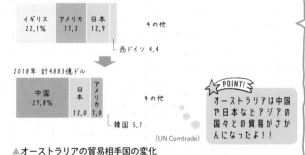

1965年　計63億ドル

| イギリス 22.1% | アメリカ 17.3 | 日本 12.9 | その他 |

└ 西ドイツ 4.4

2018年　計4883億ドル

| 中国 29.8% | 日本 12.0 | アメリカ 7.0 | その他 |

└ 韓国 5.7

(UN Comtrade)

▲オーストラリアの貿易相手国の変化

POINT! オーストラリアは中国や日本などとアジアの国々との貿易がさかんになったよ！！

オセアニア州の国々の多くは，かつてイギリスの植民地だったんだ。

白豪主義の政策ってどんな政策なの？

白人だけの国をつくろうとして，アジアからの移民を制限した政策だよ。現在はさまざまな国からの移民を受け入れ，多文化社会を目指しているんだ。

check! 次の問いに答えよう ♡ ♡ ♡

答えはp.150だよ。

1. オーストラリアの先住民は？

2. オーストラリアの西部で産出がさかんな鉱産資源は？

14 文明のおこり

人類が出現して文明がおこるって，なんだか神秘的だよね。
人類の歴史の始まりをみてみよう！

人類の出現

約700万年から600万年前，アフリカに現れた猿人は，原人，新人へと進化。

⇨打製石器を使い，狩りや採集を行って移動しながら生活。このころを旧石器時代という。

▶️POINT!
打製石器は，石を打ち欠いてつくられたよ。新石器時代になると，表面をみがいた磨製石器がつくられ始めるんだ。

▲打製石器　（國學院大學博物館）

人類は，長い時間をかけて世界中に広がったよ。

日本にはどうやって来たの？　飛行機なんてないよね。

このころの日本列島は，大陸と陸続きだったんだ。マンモスなどの大形の動物を追って，大陸から日本列島にやって来たよ。

古代文明のおこり

紀元前3000年ごろから，大河の流域で文明がおこった。

▲古代文明とおこった地域

文明はどうして大河の流域でおこったの？

水を得やすいし，土地が肥えていて，温暖であることが，農業に適していたからだよ。

エジプトといえば，ピラミッドだよね！　このころにつくられたの？

そのとおり！エジプト文明では，象形文字っていう絵みたいな文字が使われていたことも覚えておこうね。

p.149の check! の答え ❶アボリジニ ❷鉄鉱石

中国文明

紀元前16世紀ごろ，黄河(ホワンホー)流域でおこった殷という国で使われた甲骨(こうこつ)文字は，漢字のもとになった。
⇨紀元前3世紀，秦が初めて中国を統一。

秦（前3世紀）

▲秦の始皇帝(しこうてい)が万里(ばんり)の長城(ちょうじょう)を整備。

漢（前3～後3世紀）

▲西方との交通路のシルクロード(絹の道)が開かれる。

宗教のおこり

文明が世界各地におこった中，宗教がおこった。

三大宗教

	開いた人	開いた時期	開いた場所
仏教	シャカ(釈迦)	紀元前6世紀※	インド
キリスト教	イエス	紀元前後	パレスチナ
イスラム教	ムハンマド	7世紀初め	アラビア半島

※紀元前5世紀という説もある

始皇帝が整備した万里の長城(ちょうじょう)って何？

北方の遊牧民族を侵入(しんにゅう)させないための，長ーい城壁(じょうへき)だよ。

そうなんだ！　始皇帝ってすごーい！

でも，秦はわずか15年で滅(ほろ)びてしまうんだ。続いて中国を統一したのが漢だよ。

古代の中国にはいろんな国が成立したんだね。古代に文明がおこったのは，4か所だけ？

ギリシャでは，ポリスという都市国家を中心とする文明が栄えたよ。

三大宗教，地理でも勉強したね！

キリスト教は4世紀末に，ローマ帝国(ていこく)の国の宗教になったんだよ。

---

check!　次の問いに答えよう ♥ ♥ ♥　　　答えはp.152だよ。

① チグリス川とユーフラテス川の流域でおこった古代文明を何という？

② 初めて中国を統一した国を何という？

(1) 殷　　(2) 秦　　(3) 漢

151

15 日本の成り立ち

タイムスリップするなら縄文時代と弥生時代，どちらで暮らしてみたい？
どうやって古代国家ができあがっていったかもみていこう。

縄文時代の暮らし

狩りや漁，採集をして生活。
縄文土器や土偶がつくられた。

▲縄文時代のむらの生活（想像図）

▲縄文土器
（國學院大學博物館）

▲土偶

縄文土器っておもしろい模様がついているね。

縄目のような文様がついているから，縄文土器と呼ばれているんだよ。

土偶ってゆるキャラみたい。何に使われていたの？

魔よけや食物の豊かさを祈るためにつくられたといわれているよ。女性をかたどったものが多いんだって。

弥生時代の暮らし

大陸から稲作や青銅器が伝わり，水田の近くにむらがつくられた。

たて穴住居　高床倉庫

▲弥生時代のむらの生活（想像図）

▲弥生土器（九州大学）

▲青銅器（銅鐸）

弥生時代の暮らしは，縄文時代と何が違うの？

大陸から伝わった稲作が広まって，稲を蓄えられるようになったんだよ。

稲を蓄えられると，何が変わるの？

蓄えられた量によって人々の間で貧富の差が生まれたよ。むらどうしの戦いも起こって，力の強いむらは周辺のむらを従えていったんだ。

p.151の check! の答え ❶メソポタミア文明 ❷(2)

古代国家のおこり

いくつかのむらをまとめる王が現れ，各地に小さなくに(国)ができていった。

⇨その一つである**邪馬台国**では，女王**卑弥呼**が，中国の**魏**に使いを送った。

★POINT!
吉野ヶ里遺跡には堀や物見やぐらがあることから，「くに」どうしの争いがあったことがわかるね。

▲吉野ヶ里遺跡(佐賀県)

(佐賀県教育委員会提供)

紀元前1世紀ごろの日本には，100ぐらいの国があったといわれているよ。

あれっ！「魏」って，『三国志』に出てくる魏？

その通り！卑弥呼は魏の皇帝から「親魏倭王」の称号と金印や銅鏡をもらったんだ。

プレゼントをたくさんもらえていいな〜！

大和政権と古墳時代

奈良盆地を中心とする地域の豪族たちが，王を中心に連合して**大和政権**が成立。

⇨各地に王や豪族の墓である**古墳**がつくられ，上には埴輪が並べられた。

←後ろが円形

前が方形→

▲前方後円墳

▲埴輪　(東京国立博物館)

大和政権の王は，5世紀後半に九州地方から東北地方南部までの豪族を従えて，**大王**と呼ばれるようになったよ。

大王って強そうな呼び名だねー。

このころ朝鮮半島から日本列島に移り住む渡来人が増えて，じょうぶな土器をつくる技術や漢字などを伝えたんだ。

---

check! 次の問いに答えよう ♥ ♥ ♥

答えはp.154だよ。

① 縄文時代に，魔よけなどのためにつくられた土製の人形を何という？

② 埴輪がつくられた時代を何という？

16 聖徳太子の政治と大化の改新

聖徳太子は10人の話をいっぺんに聞けたっていう伝説もあるんだよ。
中大兄皇子らがどうして大化の改新を始めたのかもみてみよう。

聖徳太子の政治

593年，聖徳太子は推古天皇の摂政となり，蘇我馬子と協力して大王（天皇）中心の国づくりを進めた。

1 冠位十二階の制度

家柄にとらわれず，能力や功績のある者を役人に取り立てた。

> 冠の色で、地位がわかるようにしよう。

2 十七条の憲法

役人の心構えを示した。

> この心構えを守りなさい。

3 遣隋使の派遣

進んだ制度や文化を取り入れるため小野妹子らを隋（中国）に派遣。

> 隋の制度や文化を学んできてね〜。

飛鳥文化

日本で最初の仏教文化である飛鳥文化が栄えた。

建築	法隆寺
彫刻	法隆寺の釈迦三尊像

▲法隆寺（奈良県）

> 聖徳太子はいろんなことをしてるね。忙しそう！

> 聖徳太子というのはのちの時代につけられた呼び名で，生前は，厩戸皇子や厩戸王などと呼ばれていたんだ。

> 名前がたくさんあるんだね。十七条の憲法で示した役人の心構えってどんなこと？

> みんな仲よくしようとか，仏教を信仰しようとか，天皇の命令には必ず従おうとかだよ。

> 法隆寺って聞いたことあるかも。

> 法隆寺は，現存する世界最古の木造建築として，世界遺産に登録されているよ。

> 有名なお寺なんだね。

p.153の check! の答え 1 土偶 2 古墳時代

大化の改新

645年，中大兄皇子と中臣鎌足らは，蘇我氏を
滅ぼして，大化の改新という政治改革を始めた。

「天皇中心の国にするぞ！」

中大兄皇子　中臣鎌足　蘇我氏

⇨ 各地の豪族が支配していた土地と人々を公地・
公民として，国が直接支配する方針を示した。

> **POINT!**
> のちに，中大兄皇子は即位して天智天皇となって，初めて全国の戸籍をつくるなど，国内の改革を進めたよ。

なんで蘇我氏を滅ぼしたの？

聖徳太子の死後に権力を独占した豪族の蘇我氏に対し，人々の不満が高まっていたからだよ。

なるほど。豪族から天皇へ，権力をもどそうっていうことだったのね！

そうだね。天智天皇の死後，壬申の乱に勝利して即位した天武天皇も天皇を中心とする強い国づくりを進めたんだ。

聖徳太子が目指した政治だね！

7世紀の東アジア

中国では，隋にかわり
唐が統一。
⇨ 日本は遣唐使を派遣。

▼7世紀中ごろの東アジア

唐　高句麗　新羅　百済　白村江の戦い　大宰府

朝鮮半島には，国が三つもあったんだ。高句麗と新羅と百済！

百済が滅ぼされると，中大兄皇子らは百済のために大軍を送ったけど，白村江の戦いで唐と新羅の連合軍に大敗しちゃったんだ。

---

check!　次の問いに答えよう 💜 💜 💜　答えはp.156だよ。

💜 十七条の憲法を定めたのは誰？

💜 大化の改新で示された，土地と人々を国が直接支配する方針を何という？

17 奈良の都と天平文化

律令国家って，それまでの国家と何が違うんだろう。
唐の影響を強く受けた，国際的な天平文化も要チェックだよ。

律令国家の成立と平城京

律令国家 701年，大宝律令が制定された。

⇨律令に基づいた政治を行う，律令国家が成立。

> 律…刑罰の決まり
> 令…政治を行ううえでの決まり

平城京 710年，都が奈良の平城京に移った。

平城京ってどんなところ？

唐の都長安を手本につくられた都だよ。

奈良に都があったから奈良時代っていうのね。

中央では貴族が，国ごとの国府と呼ばれる役所では，都から派遣された国司が働いていたよ。

奈良時代の人々の暮らし

班田収授法

6歳以上の人に口分田を与え，死ぬと国に返させた。

人々の負担

租・調・庸などの税のほか，労役や兵役の義務が課せられた。

	内容
租	収穫量の約3％の稲
調	地方の特産物
庸	労役の代わりに布
雑徭	土木工事などの労役
兵役	都や九州北部を警備

田んぼをもらえるならうれしいんじゃないの？

でも人々には税などの重い負担があったんだ。負担から逃れるために，口分田を捨てて逃亡する人もいたよ。

よっぽど負担がつらかったんだね〜！

口分田が足りなくなると，朝廷は開墾をすすめるために墾田永年私財法を出して，新たに開墾した土地の永久私有を認めたんだ。

p.155の check! の答え ❶聖徳太子（厩戸皇子，厩戸王） ❷公地・公民

天平文化

聖武天皇と仏教 聖武天皇は，国ごとに国分寺・国分尼寺を，都に東大寺を建立。東大寺には大仏をつくらせた。

このころ，日本の求めで唐の僧の鑑真が来日。

仏教の力で国家を守ってください

聖武天皇

天平文化 聖武天皇のころ，唐の影響を受けた国際色豊かな天平文化が栄えた。

建築	東大寺	国分寺の中心
	正倉院	東大寺にある宝物庫
	唐招提寺	鑑真が奈良に建立
文学	『古事記』	歴史書
	『日本書紀』	
	『風土記』	地理書
	『万葉集』	和歌集

POINT!
正倉院には，西アジアやインドから唐にもたらされ，それを遣唐使が持ち帰ったとみられる宝物が多く残されていたよ。

聖武天皇は，なんで大仏をつくらせたの？

仏教の力で国家を守ろうと考えたからだよ。当時，全国的な伝染病の流行やききんが起こって，人口も減っていたんだ。

鑑真って強そうな名前！なんで日本に招いたの？

正式な仏教の教えを伝えてもらうためだよ。

奈良時代は仏教との関わりが強いんだね。ところで，正倉院の宝物にはどんなものがあるの？

インドが起源といわれる螺鈿紫檀五絃琵琶や，西アジアのペルシャでつくられたといわれるガラスのコップなどがあるよ。聖武天皇が使った品々もあるんだ。

聖武天皇は琵琶でどんな曲を弾いたのかなぁ。

---

check! 次の問いに答えよう ♥ ♥ ♥

答えはp.158だよ。

1 口分田の面積に応じて稲（収穫量の約3%）を納める税を何という？

（1） 租　　（2） 調　　（3） 庸

2 聖武天皇が大仏をつくらせた寺を何という？

平安京と国風文化

藤原氏は，どのように実権を握ったのかな。
平安時代に栄えた国風文化の特徴も押さえよう。

平安時代の始まりと摂関政治

794年，桓武天皇が京都の平安京に都を移した。

⇨ 9世紀の中ごろからは，貴族の藤原氏が政治を動

かすようになった。この政治を摂関政治という。

▼摂関政治のしくみ

天皇が幼いとき

摂政 天皇のかわりに政治を行う

成長すると…

関白 天皇を補佐する

POINT!
藤原氏は，娘を天皇のきさきにし，その子を天皇に立てることで，勢力を伸ばしたよ。

最澄と空海

9世紀初め，唐で仏教を学んだ最澄と空海が

仏教の新しい宗派を日本に伝えた。

最澄		空海
天台宗	宗派	真言宗
比叡山の延暦寺	寺	高野山の金剛峯寺

藤原氏は天皇のおじいちゃんってこと？

そうだね。ほかの貴族を退け，摂政と関白の職に就いて政治の実権を握ったよ。

藤原氏ってすごいね。

摂関政治が最も栄えたのは，藤原道長と子の頼通のころだよ。道長はそのときの気持ちを歌に詠んでいるんだ。

どんな歌なの？

この世をば　わが世とぞ
思う　望月の　欠けたる
ことも　なしと思えば
by 藤原道長

世の中はすべて自分の思い通りになっているっていう意味の歌だよ。

すべて思い通りなんて，うらやましいな！

p.157の check! の答え ❶(1) ❷東大寺

国風文化

貴族たちは，唐風の文化をもとに，日本の風土や生活，日本人の感情に合った文化を生み出した。これを国風文化といい，摂関政治のころに最も栄えた。

建築と文学

建築	寝殿造 平等院鳳凰堂	文学	『古今和歌集』（紀貫之ら） 『枕草子』（清少納言） 『源氏物語』（紫式部）

仮名文字の発達

平仮名	片仮名
以→以→いろ→い	伊のへん→イ

「日本人の感情に合った文化」ってなんか気になる〜。

仮名文字がつくられて，考えや感情を豊かに表現できるようになったんだ。

平仮名や片仮名って平安時代にできたんだね！

うん。清少納言や紫式部など，宮廷に仕えた女性による仮名文字を用いた文学作品が多く生まれたよ。

浄土信仰の広まり

平安時代の後半，阿弥陀仏にすがって，死後に極楽浄土に生まれ変わることを願う浄土信仰がおこった。

POINT!
平等院鳳凰堂は藤原頼通が建てた阿弥陀堂だよ。

▲平等院鳳凰堂　　（平等院）

なぜ極楽浄土に生まれ変わることを願ったの？

このころ各地で反乱や自然災害が起こって，不安を高めた人々は，来世での幸せを願うようになったんだ。

check!　次の問いに答えよう ♥ ♥ ♥

答えはp.160だよ。

❶ 天皇が幼いときに，天皇のかわりに政治を行う職を何という？

　（1）摂政　　（2）関白　　（3）国司

❷ 紀貫之らがまとめた和歌集を何という？

19 鎌倉幕府の成立と元寇

観光名所として有名な鎌倉には，長い歴史があるみたい。
さっそく武士が活躍した鎌倉時代をみてみよう。

鎌倉幕府と武士

源氏を率いて平氏を滅ぼした源頼朝は，守護・地頭の設置を朝廷に認めさせ，その後，征夷大将軍に任命された。

★POINT！
鎌倉幕府での将軍と御家人は，御恩と奉公の関係で結ばれていたよ。

▼御恩と奉公

執権政治

頼朝の死後，北条氏が将軍の補佐役である執権として幕府の実権を握った（執権政治）。
⇨1221年，後鳥羽上皇が承久の乱を起こすも，失敗。
⇨1232年，執権の北条泰時が御成敗式目を制定。

▲承久の乱の構図

源氏の前は平氏が政治を行っていたの？どっちも武士なの？

そうだよ。平氏を率いていた平清盛は，摂関政治のあとに始まった，上皇による政治（院政）を支えながら昇進して，武士として初めて太政大臣になったんだ。

武士の時代が始まるんだね！

そうだよ。平氏を率いていた平清盛は，摂関政治のあとに始まった，上皇による政治（院政）を支えながら昇進して，武士として初めて太政大臣になったんだ。

源頼朝が開いた本格的な武士の政権を鎌倉幕府というよ。

上皇が負けた承久の乱って何？

後鳥羽上皇が幕府をたおそうとした戦いだよ。このあと幕府は，京都に六波羅探題を置いて朝廷を監視したんだ。

御成敗式目って何？かっこいい名前だね。

武士のための，初めての法律だよ。

p.159の check! の答え ❶(1) ❷古今和歌集

鎌倉文化と新しい仏教

鎌倉文化 武士の好みを反映した力強い文化。

建築	東大寺南大門	文学	『新古今和歌集』
彫刻	金剛力士像（運慶ら）		『平家物語』

新しい仏教

宗派	開祖	宗派		開祖
浄土宗	法然	禅宗	臨済宗	栄西
浄土真宗	親鸞		曹洞宗	道元
時宗	一遍	日蓮（法華）宗		日蓮

軍記物の『平家物語』は，琵琶法師によって語り広められたよ。

新しい仏教の教えもたくさん生まれたんだね。

元寇（蒙古襲来）

元のフビライの服属要求を，執権**北条時宗**が拒否。

⇨元軍が二度にわたり九州北部に襲来(**元寇**)。

⇨御家人の活躍などで元軍は引きあげる。

▼元寇とその後

元軍が攻めてきたぞ！
恩賞くれよ～！
不満
御家人

くわしく
元は，モンゴル帝国の皇帝のフビライ＝ハンが中国を支配してつくった国だよ。

命がけで戦ったのに，ごほうびを十分にもらえなかったってほんと？

外国との戦いだったこの戦いでは新しい土地が手に入らなかったからね。

御家人かわいそう…。

幕府は生活が苦しくなった御家人を救うために，**徳政令**を出して，借金を帳消しにしたよ。

借金帳消しで，御家人の生活は楽になったの？

効果は一時的だったよ。御家人の不満が高まって，鎌倉幕府は衰え始め，1333年に滅ぼされたんだ。

check! 次の問いに答えよう ♥♥♥　答えはp.162だよ。

1. 鎌倉幕府を開いたのは誰？
2. 元寇のときの鎌倉幕府の執権は誰？

（1） 北条政子　（2） 北条時宗　（3） 北条泰時

20 室町幕府と応仁の乱

京都に開かれた室町幕府はどんな政策を行ったんだろう。
民衆や戦国大名が力をもつようになったこともポイントだよ！

室町幕府

成立 1338年，足利尊氏が征夷大将軍に任命され，京都に室町幕府を開いた。

支配の確立 足利義満が二つの朝廷（南朝と北朝）を統一。その後，日明貿易（勘合貿易）を始める。

POINT!
このころ，海賊行為を行っていた倭寇がいたから，正式な貿易船の証明として勘合が用いられたよ。

南朝と北朝？ なんで朝廷が，二つあったの！？

足利尊氏は後醍醐天皇が始めた政治に反対して兵を挙げた。これをきっかけに，吉野（奈良県）の南朝と京都の北朝が生まれたんだ。この時代を南北朝時代というよ。

貴族を重視した後醍醐天皇の政治を建武の新政ということも覚えておいてね。

商業の発展と民衆の生活

商業 商人や手工業者などは，同業者ごとに座という団体をつくって営業を独占。

▼室町時代に発展した商業

馬借 馬で荷物を運ぶよ。
問（問丸） 船で荷物を運びましょう。
土倉・酒屋 お金を借すよ！

民衆 農業では，米の二毛作が普及。村では惣と呼ばれる自治組織がつくられ，団結を固めた農民が土一揆を起こすようになった。

土一揆って何？

室町時代に農民などが起こした一揆だよ。

農民は土一揆で，どんなことをしたの？

土倉や酒屋などの高利貸しを襲って，借金の帳消しを求めたんだよ。

p.161の **check!** の答え ❶ 源頼朝 ❷ (2)

室町文化

北山文化 第3代将軍足利義満のころ。貴族と武家の文化が混じり合う。

東山文化 第8代将軍足利義政のころ。禅宗の影響を強く受けた文化。

北山文化	東山文化
金閣（足利義満） 能（観阿弥・世阿弥）	銀閣（足利義政） 水墨画（雪舟） 書院造

▲書院造

書院造で見られる，たたみや障子，ふすまなどが現代の和室に受け継がれているよ。

言われてみれば…，うちの和室にそっくりだ！

ほかに室町時代に生まれた，能や生け花なども現代に受け継がれているね。

応仁の乱と下剋上の風潮

第8代将軍足利義政のあと継ぎをめぐって有力な守護大名が対立し，1467年，応仁の乱が起こり，全国に広がった。

⇨下剋上の風潮が広がり，戦国大名が各地に登場。

応仁の乱はどうなったの？

11年間続いたよ。その後の約100年間は，各地の戦国大名が戦い続けたんだ。この時代を戦国時代というよ。

戦いが100年も続くなんて，こわい時代だね。

そうだね。いっぽうで堺や博多や京都のように，町衆と呼ばれる裕福な商工業者を中心に自治を行って，大名に対抗する都市も現れたんだ。

★POINT!
下剋上とは，下の身分の者が上の身分の者を実力でたおして，権力を握ることをいうよ。

我こそが新しい支配者だ！

戦国大名

守護大名

---

check! 　次の問いに答えよう ♥ ♥ ♥　　答えはp.164だよ。

❶ 足利義満が勘合を用いて貿易を行った相手の国を何という？

❷ 銀閣を建てたのは誰？

（1）足利尊氏　　（2）足利義満　　（3）足利義政

第1章　地理：世界の姿／日本の姿　　復習 p.124-135

★　次の各問いに答えましょう。

□ ❶ 最大の大陸はどこですか。　　　　　　　　　　　　　　　　[　　　　　]

□ ❷ 最大の海洋はどこですか。　　　　　　　　　　　　　　　　[　　　　　]

□ ❸ 日本や中国が属する州はどこですか。　　　　　　　　　　　[　　　　　]

□ ❹ 世界で最も面積が大きい国はどこですか。　　　　　　　　　[　　　　　]

□ ❺ 世界で最も人口が少ない国はどこですか。　　　　　　　　　[　　　　　]

□ ❻ 日本の西の端の島はどこですか。　　　　　　　　　　　　　[　　　　　]

□ ❼ イギリスのロンドンを通る経度0度の経線を何といいますか。[　　　　　]

□ ❽ 日本固有の領土ですが，現在ロシアに占拠されている択捉島，国後島，色丹島，歯舞群島をまとめて何といいますか。　　　　　　　　　[　　　　　]

□ ❾ 海岸線から200海里以内で，領海を除く水域を何といいますか。[　　　　]

★　（　）から最も適するものを選び，記号に○をつけましょう。

□ ❿ 日本の南の端の島は（ア 択捉島　イ 沖ノ鳥島　ウ 南鳥島　エ 与那国島）で，護岸工事が行われました。

□ ⓫ 各地の標準時の違いを時差といい，経度（ア 10度　イ 15度　ウ 25度　エ 45度）で1時間の時差が生じます。

□ ⓬ 都道府県の中で最も人口が多いのは東京都，2番目に多いのは（ア 大阪府　イ 埼玉県　ウ 神奈川県　エ 愛知県）です。

□ ⓭ 乾燥帯の地域では，（ア イグルー　イ 日干しれんがの住居　ウ 高床の住居　エ 熱帯雨林の葉や幹を利用した住居）が見られます。

□ ⓮ 西アジアや北アフリカで信者が多いのは，（ア 仏教　イ キリスト教　ウ イスラム教　エ ヒンドゥー教）です。

第2章　地理：世界の諸地域　　復習 p.136-149

★　次の各問いに答えましょう。

□ ❶ 東南アジアや南アジアの気候に影響を与える，季節によって吹く方向が逆になる風を何といいますか。　　　　　　　　　　　　　　　[　　　　　]

□ ❷ 中国の沿岸部に設置されている，進出する外国企業に対して経済的な優遇措置を設けた地域を何といいますか。　　　　　　　　　　　[　　　　　]

□ ❸ 西アジアの石油産出国が中心となって結成している組織を何といいますか。

[　　　　　]

□ ❹ 小麦などの穀物と，とうもろこしなどの飼料作物を栽培して，豚や肉牛などの家畜を飼育する農業を何といいますか。

[　　　　　]

□ ❺ 右のグラフは何の農作物の生産量の割合を表していますか。

[　　　　　]

計525万t　　　　　カメルーン 5.9

| コートジボワール 37.4% | ガーナ 18.0 | インドネシア 11.3 | その他 |

(2018年)　　　　　ナイジェリア 6.3

(2020/21年版「世界国勢図会」)

□ ❻ アメリカ合衆国で行われている，地域の気候や土地などの自然環境にあった農作物をつくることを何をいいますか。

[　　　　　]

□ ❼ アメリカ合衆国の工業の中心地である，北緯37度以南の地域を何といいますか。

[　　　　　]

□ ❽ アメリカ合衆国のサンフランシスコ近郊にある，ICT（情報通信技術）産業などが発達した地域を何といいますか。

[　　　　　]

□ ❾ ブラジルでは，さとうきびを原料としたアルコール燃料が使われているが，これを何といいますか。

[　　　　　]

□ ❿ オーストラリアの先住民を何といいますか。　　　　　　　　　[　　　　　]

□ ⓫ ニュージーランドの先住民を何といいますか。　　　　　　　　[　　　　　]

□ ⓬ オーストラリアでかつてとられていた，ヨーロッパ系以外の移民を制限した政策を何といいますか。

[　　　　　]

★　（　）から最も適するものを選び，記号に〇をつけましょう。

□ ⓭ ネパール，インド，中国などの国境には，険しい（ア ヒマラヤ山脈　イ アルプス山脈　ウ アンデス山脈　エ ロッキー山脈）が連なります。

□ ⓮ 中国南部では（ア 稲作　イ 畑作）がさかんです。

□ ⓯ ヨーロッパの南部は夏に乾燥する（ア 西岸海洋性気候　イ 地中海性気候）に属します。

□ ⓰ ヨーロッパの言語は大きく三つに分かれますが，フランスやイタリアが属するのは，（ア ゲルマン系　イ ラテン系　ウ スラブ系）言語です。

□ ⓱ 南アフリカ共和国は，世界的な（ア 銅　イ 金　ウ 銀　エ 天然ガス）の産地となっています。

□ ⓲ ヨーロッパの国々は，（ア APEC　イ ASEAN　ウ AU　エ EU）を結成しています。

□ ⓳ ブラジルは（ア とうもろこし　イ 茶　ウ コーヒー豆　エ 小麦）の生産量が世界一です。

□ ⓴ オーストラリアの東部では，（ア 鉄鉱石　イ 石炭　ウ 石油　エ 金）の産出がさかんです。

★　［ 　］内に適する語を入れましょう。

□❶ 打製石器を使い，狩りや採集を行って生活していた時代を ［ 　　　 ］という。

□❷ アフリカに現れた猿人は，やがて，現在の人類の直接の祖先である，［ 　　　 ］へ
　　と進化した。

□❸ ナイル川の流域でおこった文明を ［ 　　　 ］という。

□❹ 中国の殷でつくられ，漢字のもととなった文字は ［ 　　　 ］である。

□❺ 紀元前2世紀ごろに開かれた，中国と西方を結ぶ交通路を ［ 　　　 ］という。

□❻ 紀元前後にパレスチナ地方で生まれた ［ 　　　 ］は，キリスト教を開いた。

□❼ アラビア半島で生まれたムハンマドは，7世紀初めに ［ 　　　 ］を開いた。

□❽ 紀元前6世紀ごろインドで生まれたシャカは ［ 　　　 ］を開いた。

□❾ 日本で1万数千年前からつくられ始めた，厚手で黒褐色をしており，縄目の文様
　　がつけられていることが多い土器を ［ 　　　 ］という。

□❿ 日本に稲作が広まり，青銅器や鉄器を使うようになった時代を ［ 　　　 ］という。

□⓫ 3世紀に日本にあった，邪馬台国という国の女王は ［ 　　　 ］である。

□⓬ 3世紀後半，奈良盆地を中心とする地域に成立し，有力な豪族が大王を支える政
　　権を ［ 　　　 ］という。

□⓭ 3世紀後半から6世紀末ごろにかけて，各地でつくられた，高く盛り土をした王や
　　豪族の墓を ［ 　　　 ］という。

□⓮ 4世紀以降，朝鮮半島から日本列島に一族で移り住んだ ［ 　　　 ］は，さまざ
　　まな技術のほか，漢字や儒学などを伝え，⓬でも活躍した。

第4章　歴史：古代までの日本（飛鳥時代〜平安時代）　　復習 p.154-159

★　（ 　）から最も適するものを選び，記号に○をつけましょう。

□❶ 推古天皇の摂政となり，天皇を中心とする政治を目指したのは，（ア 蘇我馬子
　　イ 聖徳太子）である。

□❷ ❶の人物は，中国との国交を開き，進んだ制度や文化を取り入れようと，小野妹
　　子らを （ア 遣隋使　イ 遣唐使）として派遣した。

□❸ 飛鳥文化が栄えたころに建てられたのは，（ア 法隆寺　イ 東大寺　ウ 国分寺）で
　　ある。

□❹ 663年，中大兄皇子らは，（ア 高句麗　イ 百済）の復興を助けようと大軍を送っ
　　たが，白村江で唐と新羅の連合軍に大敗した。

□❺ 中大兄皇子は即位して（ア 天智天皇　イ 天武天皇）となり，政治の改革を進めた。

★ ［ ］内に適する語を入れましょう。

□ ⑥ 645年に，中大兄皇子と中臣鎌足らは，蘇我氏を倒して，［　　　　　］という政治の改革を始めた。

□ ⑦ 710年，唐の都の長安にならって奈良につくられた都を ［　　　　　］ という。

□ ⑧ 口分田を与えられた人々が負担した，収穫量の約3％の稲を納める税を ［　　　　　］ という。

□ ⑨ 聖武天皇は，［　　　　　］ の力で国家を守ろうと考え，国ごとに国分寺と国分尼寺を建て，都に東大寺を建てて大仏をつくらせた。

□ ⑩ 聖武天皇のころ栄えた，遣唐使を通じて伝えられた唐の文化の影響を強く受けた文化を ［　　　　　］ という。

□ ⑪ 794年，桓武天皇は都を ［　　　　　］ に移した。

□ ⑫ 藤原氏が，摂政や関白の職に就いて行った政治を ［　　　　　］ という。

□ ⑬ 平安時代に栄えた，日本の風土や日本人の感情に合った文化を ［　　　　　］ という。

□ ⑭ ［　　　　　］ は，仮名文字を用いて随筆『枕草子』を著した。

第5章　歴史：中世の日本（鎌倉時代〜室町時代）　復習 p.160-163

★ （　）から適するものを選び，記号に○をつけましょう。

□ ❶ 平清盛は，武士として初めて（ア 摂政　イ 太政大臣　ウ 征夷大将軍）となり，一族も高い地位に就き，武士として初めて政治の実権を握った。

□ ❷ 鎌倉時代，法然の弟子の親鸞は，阿弥陀如来の救いを信じる心を強調した（ア 時宗　イ 浄土宗　ウ 浄土真宗　エ 禅宗）を開いた。

□ ❸ 室町幕府の第8代将軍足利義政は，京都の東山の別荘に（ア 金閣　イ 銀閣）を建てた。

★ ［ ］内に適する語を入れましょう。

□ ❹ 鎌倉幕府の将軍と御家人は，御恩と ［　　　　　］ の主従関係で結ばれていた。

□ ❺ 1221年に後鳥羽上皇が幕府を倒そうと兵を挙げた戦いを ［　　　　　］ という。

□ ❻ 鎌倉時代，運慶らがつくった力強い ［　　　　　］ は東大寺南大門に収められた。

□ ❼ モンゴル帝国の第5代皇帝の ［　　　　　］ は，中国北部を支配して元という国名を付け，朝鮮半島の高麗を従えたあと日本も従えようと使者を送ってきた。

□ ❽ ❼の人物が，2度にわたり日本に大軍を送ったできごとを ［　　　　　］ という。

□ ❾ 1338年，北朝から征夷大将軍に任命された ［　　　　　］ は，京都に室町幕府を開いた。

□ ❿ 足利義満が始めた中国の明との貿易を ［　　　　　］ という。

□ ⓫ 1467年，将軍のあと継ぎをめぐり，守護大名が対立して ［　　　　　］ が起こった。

天空都市 マチュピチュ

およそ100年前，南アメリカ大陸のアンデス山脈で発見された都市遺跡・マチュピチュ。標高2280メートルの絶壁につくられたこの天空都市は，今でも謎につつまれているよ。たとえば，夏至と冬至の日だけ太陽が差し込む神殿，春分と秋分の日にだけ影がなくなる石柱，さらには現在も水が流れ続ける水路…。いったいなぜ，どうやって，こんなところに都市をつくったのか!? 冒険心がかきたてられる遺跡だよね。

マチュピチュ

愛が生んだ インドの名所

インドの名所，タージマハルは，映画『アラジン』の宮殿のモデルにもなっているよ。でも，タージマハルは宮殿ではなく，およそ400年前に当時の王様によってつくられたお墓なんだ。王様は，大の愛妻家だったんだけど，奥さんは体調を崩して亡くなってしまう…。すると王様は世界中から白い大理石を買い集め，22年もの年月をかけて奥さんのお墓，つまりタージマハルを建てたんだよ。

モアイ像

ガールズライフコラム

Girl's Life

Column

世界の地理を
勉強したあとは，
世界中の観光名所を
めぐってみよう☆

タージマハル

絶海の孤島に そびえる石像

太平洋に浮かぶラパヌイ島（イースター島）には，モアイ像がずらり！ 人の顔のようにも見えて，大きいものだと高さ20メートル，重さ90トンにもなるよ。これほど巨大な石像がおよそ900体もあるのに，どうやってつくられて，どうやって運ばれたかは謎のまま…。しかも最近，地中にさらに巨大な胴体が埋まっているモアイ像が発見されたとか…？ ちなみに，東京の渋谷駅にあるのは，モアイ像をまねしてつくられた「モヤイ像」だよ。

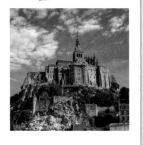

モン＝サン＝ミッシェル

海に浮かぶ 修道院

フランスの西海岸に浮かぶ小さな島，モン＝サン＝ミッシェル。今からおよそ1000年前，この島をまるごと使って修道院が建てられたよ。今では，ヨーロッパ大陸と島とを結ぶ橋を渡って，毎年300万人もの観光客が訪れる世界遺産に。でも，潮が満ちると橋が海に沈んで，陸の孤島になっちゃうんだって！ なんだか，映画『千と千尋の神隠し』みたいで神秘的だよね♡

CECIL McBEE
Study Collection

Japanese

♥

国語の勉強が始まるよ。

漢字の部首・筆順

漢字の部首と筆順を正しく理解して、漢字を美しく書けるようになろう！

部首

漢字を形で分類するときの基準となる部分を、部首という。

部首は、漢字のどの位置にあるかで、 へん ・ つくり ・ かんむり ・ あし ・ たれ ・ にょう ・ かまえ に分けられる。

部首は、その漢字のおおまかな意味を表す。

> 「氵（さんずい）」
> 水に関することを表す。
> 例 洗・海・湯・流

いろんな部首があるよ。
主な部首は
右ページを見て
覚えておこう！

> 「心（こころ）」
> 心に関することを表す。
> 例 思・意・想・悲

筆順の原則

筆順には次のような原則がある。

① 上から下へ書く
例 三 ↓ 一 二 三

② 左から右へ書く
例 川 ↓ ノ 川 川

③ 外側の囲みは先に書く
例 同 ↓ 一 冂 冂 同 同

④ 貫く縦画や横画は最後に書く
例 車 ↓ 一 亓 亓 盲 亘 車

⑤ 左払いが先、右払いがあと
例 交 ↓ 丶 一 六 亣 交 交

①・②が二大原則だよ。
漢字を書くときに筆の運びが
滑らかになり、字の形を
整えやすくするために筆順が
決められているんだ！

いろいろな部首

へん

投 （てへん）
陽 （こざとへん）
イ(にんべん) 木(きへん)
言(ごんべん)
氵(さんずい)

かんむり

完 （うかんむり）
花 （くさかんむり）
冖(わかんむり)
穴(あなかんむり)
竹(たけかんむり)
雨(あめかんむり)

つくり

類 （おおがい・いちのかい）
部 （おおざと）
彡(さんづくり)
刂(りっとう)
攵(ぼくにょう・のぶん)

あし

照 （れんが・れっか）
志 （こころ）
皿(さら)
儿(にんにょう・ひとあし)

にょう

近 （しんにょう・しんにゅう）
建 （えんにょう）
走(そうにょう)

かまえ

開 （もんがまえ・かどがまえ）
区 （はこがまえ・かくしがまえ）

囲 （くにがまえ）
式 （しきがまえ）
術 （ぎょうがまえ・ゆきがまえ）

たれ

厚 （がんだれ）
座 （まだれ）
病 （やまいだれ）
尸(しかばね)

check! 次の問いに答えよう ♥ ♥ ♥

答えはp.172だよ。

1 「漢」の部首名は？

2 「馬」の一画目はどちら？ ア 馬 イ 馬

2

熟語の構成

熟語のいろいろな組み立てをチェックしよう！

二字熟語の構成

①上と下の意味が似ている

華美
（華やか＝美しい）

思考
（思う＝考える）

②上と下の意味が反対になっている

明暗
（明るい⇕暗い）

強弱
（強い⇕弱い）

> 熟語とは、二字以上の漢字が組み合わさって、一つの言葉になったものだよ。

③上が下を詳しくする

海底
（海の底）

曲線
（曲がった線）

④下が上の目的・対象

着席
（席に着く）

握手
（手を握る）

> 下から上に読んだとき意味が通じるんだ。

⑤上が主語で下が述語

頭痛
（頭が痛い）

日没
（日が没する）

⑥上に接頭語「不・無・未・非」が付く

具体例は p.173 に

⑦下に接尾語「化・的・然・性」が付く

具体例は p.173 に

> 二字目には繰り返しの符号「々」を使うよ！「踊り字」ともいうよ。

⑧同じ漢字を重ねたもの

人々（人人）

代々（代代）

p.171の check! の答え ❶さんずい ❷イ

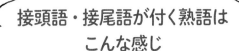

接頭語・接尾語が付く熟語は
こんな感じ

未
未熟 未知 未定 未来

然
平然 騒然（そう ぜん） 突然（とつ ぜん） 公然

無
無数 無理 無口 無限

的
知的 劇的 公的

不
不満 不足 不安 不覚

性
習性 天性 水性

非
非常 非運 非凡（ひ ぼん）

化
進化 強化 悪化

答えはp.174だよ。

check! 次の熟語の□に当てはまる漢字は？ ♥ ♥ ♥

1 □後（上と下の意味が反対になっている構成だよ）

2 □火（下が上の目的・対象になっている構成だよ）
〈ヒント〉 つけてもけしてもいいよ！

言葉の単位

言葉には単位があるよ。
その中の「文節」と「単語」の区切り方を覚えよう!

言葉の五つの単位

言葉は、大きい順に文章(談話)→段落→文→文節
→単語の五つの単位に分けられる。

文章 全体で一つのまとまった内容を表して
いる。

段落 文章をまとまりごとに区切ったもの。
段落の初めは改行し、一字下げる。

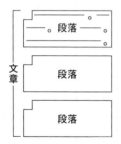

段落の中の
「。」で区切
られたひと
続きの言葉
が文だよ。

文 一つのまとまった内容をひと続きで言い終える言葉。

文節 意味を壊（こわ）さない範（はん）囲（い）で、文をできるだけ短く
区切ったひと区切り。

単語 意味のある言葉としては、これ以上分けられない、
最も小さい単位。

文を不自然にならないよ
うに短く区切ったものを
文節っていうよ!

ねとかさやよを入れて
ラップみたいに読む
やつだよねー。

そうそう。例えば…

文法をさ 説明するよ
クマがさ 教えるよ♪
イエーイ♪

ね も使ってみて～。
かわいくなるよ♡

私は ね 毎日 ね
勉強を ね する ね ♪

★POINT!
文の最後には
「。」を付ける!

文　私の姉は白いサンダルをはく。

↓

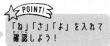POINT!
「ね」「さ」「よ」を入れて
確認しよう！

文節　私の　姉は　白い　サンダルを　はく。
　　　　　ね　　さ　　ね　　　　　さ　　よ

単語　私　の　姉　は　白い　サンダル　を　はく。

例　彼は　バッグ　を　持っ　て　外　に　飛び出す。

あれ?!単語で区切ると
「飛ぶ」と「出す」じゃないの〜？

「飛び出す」は一つの単語だよ。
複合語というよ！

飛びね出すねだと
意味が通じないよね。

そっか〜。
言葉の意味が変わっちゃうものね。

---

check!　次の問いに答えよう ♥ ♥ ♥　　　　答えはp.176だよ。

1️⃣ 言葉の五つの単位は？

2️⃣ 下の文を「／」で区切って文節に分けよう！

明日はベアと買い物に行く。

175

4 文節どうしの関係

文節と文節の結び付き方をとらえよう!

文節どうしの関係

文節どうしは、さまざまな関係で結び付いて文を組み立てる。

主語・述語 の関係	「誰（何）が」に当たる文節（主語）と、「どうする」「どんなだ」などに当たる文節（述語）の関係。 例 ベアが 歌う。	主・述の関係には、 「何が ― 何だ」 「何が ― ある・いる」 などがあるよ。
修飾・被修飾 の関係	修飾する文節と、修飾される文節の関係。 例 ベアが おいしそうに 食べる。	POINT! 修飾語は、他の文節を詳しく説明したり、内容を補ったりする。
接続の関係	接続語と、それを受けて続く文節の関係。 例 誘われた。 だから、 出かけた。 例 誘われたので、 出かけた。 前の内容の自然な結果が続く	「忙しかった。しかし宿題を終わらせた。」「忙しかったが、宿題を終わらせた。」のように前後で反する内容になる接続の関係などもある。
独立の関係	独立語と、それ以外の文節の関係。 例 あら、 きれいなネイルね。	
並立の関係	二つ以上の文節が対等に並ぶ関係。 例 私も ベアも 夢を見た。	並立や補助の関係にある文節は、二つ以上の文節がまとまって、主語や述語・修飾語などと同じ働きをするよ！これを連文節というんだ。
補助の関係	主な意味を表す文節と、補助的な意味を添える文節の関係。 例 ベアが 歌って いる。 補助的な意味	～補助の関係の例～ 見てーほしい　やってーみる 食べてーしまう　泣いてーいる

p.175の check! の答え ❶文章（談話）・段落・文・文節・単語（順不同） ❷ 明日は／ベアと／買い物に／行く。

使ってみよう！

接続の関係
新作を買えたから、
うれしかった。

独立の関係
ほら、見てよ。

補助の関係
デートに新しい服を
着て いく。

主語・述語の関係
私が 笑う。

並立の関係
二人で
映画と ショッピングを
楽しんだ。

修飾・被修飾の関係
とても うれしそうに
話す。

check! 〜〜〜を引いた文節どうしの関係を答えよう♥ ♥ ♥　答えはp.178だよ。

① 彼女の服は安くて、かわいい。

② ベアが、詳しく 説明する。

5 文の成分

文の5種類の成分の働きを理解しよう!

文の成分

文の成分には、次の5種類がある。

主語	「何が」「誰が」を表す。
	例 **猫が** ねずみを 追いかけた。
述語	「どうする」「どんなだ」 「何(誰)だ」「ある(いる・ない)」を表す。
	例 ねずみは **逃げる**。
	例 猫は そこに **いる**。
修飾語	「何の・どんな」「いつ・どこで・何を・どのように」など、あとの文節を説明したり、補ったりする。
	例 ねずみは **必死で** 逃げた。
接続語	前後の文や文節をつないで、その関係を示す。
	例 猫は 追いかけた。**でも**、ねずみは 逃げきった。
	助かったので、ねずみはホッとした。
独立語	他の文節と係り受けの関係をもたずに独立している。
	例 **おい**、逃げるな。
	例 **いや**、無理だ。

国語のテストで、私だけ100点だった!

すごい! がんばったね。じゃあ問題だよ。「私だけ100点だった。」の主語は?

うーん…100点をとったのは、私だから、主語は「私だけ」?

正解! 主語の形は「～が」だけじゃなくて「～は」「～も」「～だけ」「～こそ」などの形もあるよ。

なるほどー! 「数学も100点だ♪」の「数学も」だね!

さすが! 主語の形がわかってきたね♪

p.177の check! の答え 1 並立の関係 2 修飾、被修飾の関係

連文節

二つ以上の文節がまとまって、一つの文の成分と同じ働きをするものを連文節という。

文の成分	例
主部	きれいな 夕日が 沈む。
述部	彼女は 有名な モデルです。
修飾部	はやりの バッグを 買う。
接続部	色が 好みなので、欲しい。
独立部	3組の みんな、聞いて。

連文節は、P176の「並立の関係」と「補助の関係」でも出てきたね!

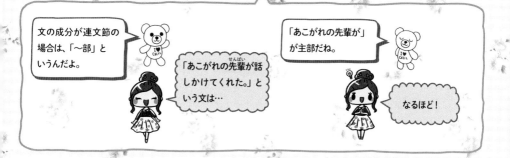

文の成分が連文節の場合は、「〜部」というんだよ。

「あこがれの先輩が話しかけてくれた。」という文は…

「あこがれの先輩が」が主部だね。

なるほど!

答えはp.180だよ。

check! 次の問いに答えよう ♥ ♥ ♥

1 次の文に当てはまる接続語を□□から選ぼう。

・買い物に出かけた。（　　　）、何も買わなかった。

だから・しかし・しかも

2 次の文の修飾部に——線を引こう。

・彼は 背の高い 選手です。

6 品詞の分類

単語の性質や働きを理解して品詞を覚えよう！

品詞の分類

単語を文法上の性質や働きによって「名詞」や「動詞」などの呼び名で分けたものを「品詞」という。全部で10種類の品詞がある。

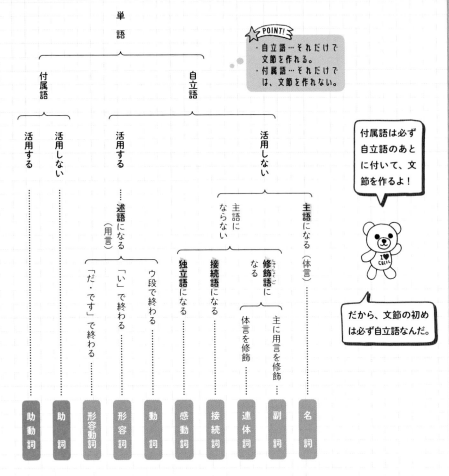

POINT！
・自立語…それだけで文節を作れる。
・付属語…それだけでは、文節を作れない。

付属語は必ず自立語のあとに付いて、文節を作るよ！

だから、文節の初めは必ず自立語なんだ。

p.179の check! の答え ❶しかし ❷背の高い

分類してみよう！

優_{やさ}しい　先輩_{せんぱい}　が　にっこり　笑う。ああ、あの　笑顔_{えがお}　は　すてきだ。

形容　名　助　副　動　感動　連体　名　助　形動

だから、私　は　彼_{かれ}　と　話し　たい。

接続　名　助　名　助　動　助動

名詞
私・そこ・
一つ

副詞
もし・もう・
すっかり

連体詞
あの・
おかしな

接続詞
だから・でも

動詞
飲む・歌う

感動詞
はい・あら

形容詞
甘_{あま}い・青い

形容動詞
ラッキーだ・
静かです

助動詞
たい・です・
らしい

助詞
が・は・
を・に

check!　左ページ下の例のように、　文節 [　] ・自立語 [　] ・付属語 [　]　で分けよう ♥ ♥ ♥　　答えはp.182だよ。

❶ 彼女_{かのじょ}はダンサーだ。

❷ 私の弟はサラダの中のピーマンだけを残す。

名詞・接続詞

活用しない自立語である、名詞・接続詞の特徴を覚えよう。

名詞

人・物・事柄などの名前を表す。「体言」ともよばれる。「が・は・も」などを付けると、主語になる。

わからないことがある〜。「形式名詞」なんだけど…。

今の「わからないこと」の「こと」が形式名詞だよ。

「着る もの」のように必ず前に連体修飾語（動詞や形容詞などの連体形、連体詞など）があるんだよ。

名詞の種類

普通名詞	一般的な物事の名前。	例 学校・空
代名詞	人・場所などを指す。	例 私・あちら
固有名詞	地名・人名など。	例 東京・福沢諭吉
数詞	数量・順序など。	例 一人・二倍・三時
形式名詞	形式的なもの。	例 彼のこと・行くとき

へー。「こと」「とき」みたいに平仮名で書くことが多いんだね。

例 彼女 の 名前 は
　　└人称代名詞 └普通名詞

山本りこ です。
　└固有名詞

十三歳 です。
　└数詞

本を読む ところ です。
　　　　└形式名詞

POINT!
代名詞には
・人称代名詞（人を指し示す）
・指示代名詞（物事・場所などを指し示す）
がある。

こそあど言葉

指示代名詞は「こそあど言葉」の一つ。
例 これ・それ・あれ・どれ

p.181の check! の答え

① 彼女 | は | ダンサー | だ 。

② 私 | の | 弟 | は | サラダ | の | 中 | の | ピーマン | だけ | を | 残す 。

接続詞

前後の文や文節をつなぐ。単独で、接続語になる。

接続詞の種類

順接	Ⓐ（原因・理由）→Ⓑ（順当な結果） 例 ケーキはおいしい。だから、食べたい。
逆接	Ⓐ←→Ⓑ〔Ⓐから予想されることと逆の内容がⒷ〕 例 満腹になってきた。でも、ケーキは食べたい。
並立・累加 （へいりつ・るいか）	Ⓐ and Ⓑ〔並べたり、付け加えたりする〕 例 ケーキを食べた。それから、パフェも注文した。
対比・選択 （せんたく）	Ⓐ or Ⓑ〔比べたり、選んだりする〕 例 ケーキを食べる？ それとも、がまんする？
説明・補足	Ⓐ ＋ Ⓑ〔説明や補足を加える〕 例 ケーキをがまんした。なぜなら、昨日も食べたからだ。
転換 （てんかん）	Ⓐ / Ⓑ〔話題を変える〕 例 夕食は済んだ。さて、デザートはどのケーキにしよう？

「今日もまたケーキを食べた。」…副詞 or 接続詞？？

 文の中で位置を変えても、意味が通じれば「副詞」、通じないなら「接続詞」と覚えてね。

「また今日もケーキを食べた。」→言い換えられる！ だから「副詞」だね。

check! 次の問いに答えよう ♥ ♥ ♥ 　　　答えはp.184だよ。

❶ 「そちら」の、名詞の種類は？

❷ 「今日は暑い。だから、ノースリーブを着よう。」の〰〰線部の接続詞の種類は？

副詞・連体詞・感動詞

活用しない自立語である、副詞・連体詞・感動詞の特徴を覚えよう。

副詞

様子・状態・程度を表す。主に単独で用言（動詞・形容詞・形容動詞）を修飾する。

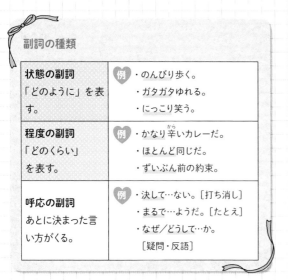

副詞の種類

状態の副詞 「どのように」を表す。	例 ・のんびり歩く。 ・ガタガタゆれる。 ・にっこり笑う。
程度の副詞 「どのくらい」を表す。	例 ・かなり辛いカレーだ。 ・ほとんど同じだ。 ・ずいぶん前の約束。
呼応の副詞 あとに決まった言い方がくる。	例 ・決して…ない。［打ち消し］ ・まるで…ようだ。［たとえ］ ・なぜ／どうして…か。 　［疑問・反語］

POINT!
「擬声語」や「擬態語」は状態の副詞。
例 「ワンワン」「ぐんぐん」

POINT!
程度の副詞は、用言だけではなく、名詞や副詞も修飾する。
例 やや 右。
例 もっと しっかり！

呼応の副詞は「陳述の副詞」・「叙述の副詞」ともいうよ。

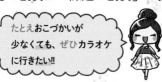

たとえおこづかいが少なくても、ぜひカラオケに行きたい!!

もし節約できたら、きっと今よりおこづかいがたまるんだろうね。

p.183の check! の答え ❶代名詞（指示代名詞） ❷順接

連体詞

体言(名詞)を修飾する連体修飾語になる。

連体詞のあとには、体言(名詞)が付く。

主な連体詞の種類

「〜の」型	例 この (本)、例の (彼)、ほんの (気持ち)
「〜な」型	例 大きな (声)、おかしな (話)
「〜た (だ)」型	例 たいした (こと)、とんだ (災難)
「〜る」型	例 ある (日)、あらゆる (機会)
その他の型	例 あらぬ (方向)、我が (道)

※( )の中は修飾される名詞の例

「きれいな髪」の「きれいな」は、髪(名詞)を修飾するから連体詞?

ん!?「きれいな」は言い切りの形にすると、「きれいだ」になるよ。

あ、形容動詞!?

その通り!
連体詞は、活用しないって覚えておこうね。

POINT!

連体詞 + 名詞
　　└ 修飾 ┘

感動詞

感動・呼びかけ・応答・あいさつなどを表す。

単独で、独立語になる。

感動詞の種類

感動	例 ああ・えっ・おや
呼びかけ	例 おい・ねえ・もしもし
応答	例 はい・うん・ええ
あいさつ	例 おはよう・さようなら・ありがとう

わあ。
素敵♡

check! 次の問いに答えよう ♥ ♥ ♥　　答えはp.186だよ。

1 副詞「決して」の下にくる決まった言い方は? 平仮名2字で答えてね。

2 「Ⓐすてきな性格」、「Ⓑ単なるうわさ話」、Ⓐ・Ⓑ〰〰線部のどちらが連体詞?

9 敬語

どの場面で、どの敬語を使うのか、正しい使い方を身につけよう！

敬語

相手に対して敬意を表す言葉。尊敬語・謙譲語・丁寧語の3種類。

尊敬語…相手の動作や様子を高める。

特別な動詞	例 先生がおっしゃる。
お(ご)〜になる	例 先生がお話しになる。
〜れる・られる	例 先生が話される。
接頭語・接尾語	例 ご両親・お言葉・山田様

POINT!
敬語を組み合わせて使うこともある。

例 私が参り ます。
謙譲語 丁寧語

謙譲語…自分がへりくだることで、相手を高める。

特別な動詞	例 先生に申し上げる。
お(ご)〜する	例 先生にお伝えする。
接頭語・接尾語	例 私ども・粗品・弊社

身内に関することを身内以外の人に話すときは、尊敬語を使わないよ。
×私のお母さん
↓
○私の母

丁寧語…丁寧な表現をすることで、相手への敬意を表す。

〜です・〜ます	例 これは制服です。
	例 私が行きます。
(〜で)ございます	例 これは制服でございます。

「れる・られる」の使い方に気をつけて!!

尊敬の助動詞「れる・られる」と特別な動詞を重ねて使わない。

例 ×「おっしゃられる」＝「おっしゃる」＋「れる・られる」を二重に使用。
↓
○「お話しになる」「話される」「おっしゃる」

敬語の特別な動詞

尊敬語
行く・来る
↓
いらっしゃる

尊敬語
見る
↓
ご覧になる

尊敬語
食べる・飲む
↓
召（め）し上がる

尊敬語
言う
↓
おっしゃる

謙譲語
行く・来る
↓
伺（うかが）う・参る

謙譲語
見る
↓
拝見する

謙譲語
食べる・飲む
↓
いただく

謙譲語
言う
↓
申す・申し上げる

---

check! 次の問いに答えよう ♥ ♥ ♥　　　　答えはp.188だよ。

1 敬語の種類は、尊敬語、丁寧語とあともう一つは？

2 「食べる」に対応する、尊敬語の意味をもつ特別な動詞は？

10 歴史的仮名遣い・係り結び

古文の基本的なきまりをおさえておこう。

歴史的仮名遣いのきまり

古文で使われている仮名遣いを歴史的仮名遣いという。

現代仮名遣いとは表記・読み方に違いがある。

①語頭以外にある「は・ひ・ふ・へ・ほ」は、
「わ・い・う・え・お」と読む。

②「ゐ・ゑ・を」は「い・え・お」と読む。

③「ぢ・づ」は「じ・ず」と読む。

④「くわ・ぐわ」は「か・が」と読む。

⑤「au・iu・eu・ou」は「ô・yû・yô・ô」と読む。

⑥助詞の「なむ」や、助動詞の「けむ」などの「む」
は「ん」と読む。

> 10月を表す「かむなづき(神無月)」の「む」も「ん」と読むよ。

係り結び

文中に係りの助詞「ぞ・なむ・や・か・こそ」があると、
文末が連体形か已然形になる。

> 係りの助詞「か」の意味の「反語」は「〜だろうか。いや、〜ではない。」という意味だよ。

こそ	か	や	なむ	ぞ	係りの助詞
強調	反語	疑問	強調		意味
已然形	連体形				結びの活用形

例 もと光る竹 なむ 一筋あり ける 。
　　　　　　 係りの助詞　　 連体形

例 身をつくして や 恋ひわたる べき 。
　　　　　　　 係りの助詞　　 連体形

例 宝 こそ あり けれ 。
　　 係りの助詞　 已然形

p.187の check! の答え ❶謙譲語 ❷召し上がる

歴史的仮名遣いを
読んでみよう！

①
おはす→おわす
思ひ→思い
問ふ→問う

②
くらゐ→くらい
をかし→おかし

③
あぢ→あじ
めづらし→めずらし

⑥
取らむ
↓
取らん

④
くわじ→かじ
（火事）
ぐわんじつ→がんじつ
（元日）

⑤
たまふ→たもう
（mau）　（mô）
うつくしう→うつくしゅう
（siu）　　（syû）

答えはp.190だよ。

check!　　次の問いに答えよう ♥ ♥ ♥

❶ 「うゐのおくやま　けふこえて」を現代仮名遣いに直すと？

❷ 「ぞ・なむ・や・◯・◯」の◯に入る係りの助詞は？

Check Test チェックテスト 🌸 国語

♥答えと解説は
p.206を見てね。

第1章　漢字・語句　　▼復習 p.170-173

★ 　[　]に適する語を書き入れましょう。

☐ ❶ 漢字の右側にある部首は [　　　　　] という。
☐ ❷ 漢字の左側にある部首は [　　　　　] という。
☐ ❸ 漢字の上側にある部首は [　　　　　] という。
☐ ❹ 「陽」の部首の名前は [　　　　] である。
☐ ❺ 「志」の部首の名前は [　　　　] である。
☐ ❻ 「厚」の部首の名前は [　　　　] である。
☐ ❼ 筆順の二大原則は「上から下へ書く」と「[　　　　　] へ書く」。
☐ ❽ 筆順の原則では、貫く画は [　　　　] に書く。
☐ ❾ 筆順の原則では、外側の囲みは [　　　　] に書く。
☐ ❿ 「飛」の色のついた縦画は [　　　] 画目に書く。
☐ ⓫ 「収」の色のついた縦画は [　　　] 画目に書く。

★ 　(　)から最も適するものを選び、記号に○をつけましょう。

☐ ⓬ 似た意味を組み合わせた構成になっている熟語は、(ア 美声　イ 永久　ウ 血管　エ 増減)である。
☐ ⓭ 反対の意味を組み合わせた構成になっている熟語は、(ア 華麗　イ 送迎　ウ 天然　エ 日没)である。
☐ ⓮ 上が主語で下が述語の構成になっている熟語は、(ア 国営　イ 出席　ウ 身体　エ 強弱)である。
☐ ⓯ 上が下を詳しくする構成になっている熟語は、(ア 悪化　イ 消火　ウ 曲線　エ 縮小)である。
☐ ⓰ 上が動作で下が目的・対象の構成になっている熟語は、(ア 明暗　イ 往復　ウ 歌手　エ 観劇)である。
☐ ⓱ 上が動作で下が目的・対象の構成になっている熟語は、(ア 強化　イ 学習　ウ 進退　エ 読書)である。
☐ ⓲ 同じ漢字を重ねて熟語にすることができるのは、(ア 日　イ 川　ウ 火　エ 水)である。
☐ ⓳ 「□害」の□に当てはまる接頭語は (ア 不　イ 無　ウ 未　エ 非)である。
☐ ⓴ 「緑□」の□に当てはまる接尾語は (ア 化　イ 的　ウ 然　エ 性)である。

第2章　文法　復習 p.174-187

★　（　）から最も適するものを選び、記号に○をつけましょう。

□ ❶ 意味を壊さない範囲で、文をできるだけ短く区切ったひと区切りを（ア 文章 イ 段落　ウ 文　エ 文節）という。

□ ❷ 意味のある言葉としては、これ以上分けられない、最小の単位を（ア 段落　イ 文 ウ 単語　エ 文節）という。

□ ❸ 「父がギターを弾く。」の「父が」と「弾く」は、（ア 主語・述語　イ 修飾・被修飾　ウ 接続　エ 並立）の関係である。

□ ❹ 「赤い車を買った。」の「赤い」と「車を」は（ア 主語・述語　イ 修飾・被修飾 ウ 接続　エ 並立）の関係である。

□ ❺ 「寒かった。だから、コートを着た。」の「だから」と「着た」は（ア 主語・述語 イ 修飾・被修飾　ウ 接続　エ 並立）の関係である。

□ ❻ 「ケーキやパフェを食べた。」の「ケーキや」と「パフェを」は（ア 主語・述語 イ 修飾・被修飾　ウ 接続　エ 並立）の関係である。

□ ❼ 「兄に、頼んでみる。」の「頼んで」と「みる」は（ア 独立　イ 並立　ウ 補助 エ 接続）の関係である。

□ ❽ 文の成分には「主語・述語・修飾語・独立語」と（ア 自立語　イ 被修飾語 ウ 接続語　エ 付属語）の5種類がある。

□ ❾ 二つ以上の文節がまとまって、文の成分と同じ働きをするものを（ア 接続語 イ 連文節　ウ 修飾部　エ 段落）という。

□ ❿ 単語は、単独で文節を作ることができるかどうかで、自立語と（ア 接続語　イ 付属語　ウ 修飾語　エ 独立語）に分けられる。

□ ⓫ 活用しない自立語で助詞を伴って主語になるのは、（ア 連体詞　イ 接続詞　ウ 副詞　エ 名詞）である。

★　[　]に適する語を書き入れましょう。

□ ⓬ 名詞に「が」などを付けると、文の [　　　　] になる。

□ ⓭ 名詞は、用言に対して、[　　　] とよばれる。

□ ⓮ 副詞の種類は、状態・程度・[　　　　] の3種類がある。

□ ⓯ 「今日は部活があったので、かばんがかなり重たい。」という文のうち、副詞は [　　　] である。

□ ⓰ 副詞の「まるで」と呼応する決まった言い方は、[　　　　] である。

□ ⓱ 「このネックレスは、姉のものだ。」という文のうち、連体詞は [　　　　] である。

□ ⓲ 「とても疲れた。ねえ、この辺りで休もうよ。」という文のうち、感動詞は [　　　] である。

□ ⑲ 付属語には、［　　　　　　　］と助動詞という二つの品詞がある。

★　（　）から最も適するものを選び、記号に○をつけましょう。

□ ⑳ 普通名詞の例は（ア 十三歳　イ 大阪　ウ ノート　エ 彼　オ 行くこと）
　　である。

□ ㉑ 代名詞の例は（ア 十三歳　イ 大阪　ウ ノート　エ 彼　オ 行くこと）
　　である。

□ ㉒ 「小さなねこ。」の「小さな」の品詞は、（ア 連体詞　イ 形容詞　ウ 形容動詞
　　エ 動詞）である。

□ ㉓ 「こんばんは」や「さようなら」のようなあいさつの言葉の品詞は、（ア 副詞
　　イ 連体詞　ウ 感動詞　エ 形容詞）である。

□ ㉔ 接続詞の性質は、（ア 前後の文や文節をつなぐ　イ 連体修飾語になる　ウ 連用修
　　飾語になる　エ 主語になる）ことである。

□ ㉕ 「今日もまた電話できなかった。」の「また」の品詞は、（ア 感動詞　イ 副詞
　　ウ 接続詞　エ 助詞）である。

□ ㉖ 「ふとんの中は快適だ。だから、起きたくない。」の「だから」は、
　　（ア 転換　イ 逆接　ウ 対比・選択　エ 順接）の接続詞である。

★　（　）から最も適するものを選び、記号に○をつけましょう。

□ ㉗ 「これからそちらに伺う。」の「伺う」は、（ア 尊敬語　イ 謙譲語　ウ 丁寧語
　　エ 美化語）である。

□ ㉘ 「先生は教室にいらっしゃる。」の「いらっしゃる」は、（ア 尊敬語　イ 謙譲語
　　ウ 丁寧語　エ 美化語）である。

□ ㉙ 「こちらが職員室でございます。」の「ございます」は、（ア 尊敬語　イ 謙譲語
　　ウ 丁寧語　エ 美化語）である。

□ ㉚ 「言う」を正しい尊敬語にすると、（ア お話しになられる　イ 申し上げる　ウ 申
　　し上げられる　エ おっしゃる）になる。

★　［　］に適する語を書き入れましょう。

□ ㉛ 「見る」に対応する、尊敬の意味をもつ特別な動詞は ［　　　　　　　］ である。

□ ㉜ 「知る」に対応する、謙譲の意味をもつ特別な動詞は ［　　　　　　　］ である。

□ ㉝ 「来られた方全員に粗品をさしあげます。」の「粗品」は、［　　　　　］ の接頭語で
　　ある。

□ ㉞ 「どうぞ、（　　　）ください。」の（　　　）に「食べる」の尊敬語を入れると、「ど
　　うぞ、［　　　　　　　］ ください。」になる。

□ ㉟「私も遠慮なく、（　　）ます。」の（　　）に「食べる」の謙譲語を入れると、「私も遠慮なく、[　　　　　　]ます。」になる。

第3章　古典　　復習 p.188-189

★　[　]に適する語を書き入れましょう。

□ ❶「いふ」（言ふ）の読み方を現代仮名遣いで書くと、[　　　　　　]になる。

□ ❷「をかし」の読み方を現代仮名遣いで書くと、[　　　　　]になる。

□ ❸「なんぢ」の読み方を現代仮名遣いで書くと、[　　　　　]になる。

□ ❹「くわじ」（火事）の読み方を現代仮名遣いで書くと、[　　　　　]になる。

□ ❺「けふ」の読み方を現代仮名遣いで書くと、[　　　　]になる。

□ ❻「かむなづき」の読み方を現代仮名遣いで書くと、[　　　　　]になる。

□ ❼ 文中に係りの助詞「ぞ・なむ・や・か」があると、文末の活用形は[　　　　　]になる。

□ ❽ 文中に係りの助詞「こそ」があると、文末の活用形は[　　　　　]になる。

★　次の文の＿＿線部の読み方を現代仮名遣いに直し、[　]に平仮名で書きましょう。

□ ❾ 名をば、さぬきのみやつこ<u>となむいひける</u>。
[　　　　　　　　　　　　　　　]

□ ❿ 竹を取りつつ、<u>よろづのことに使ひける</u>。
[　　　　　　　　　　　　　　　]

□ ⓫ 三寸ばかりなる人、<u>いとうつくしうてゐたり</u>。
[　　　　　　　　　　　　　　　]

Girl's Life

Column

国語のマメ知識を
増やして、
ステキ女子になっちゃおう！

敬語をうまく使おう

友達どうしだと、くだけた言葉を使ったほうが会話が弾むよね。でも、中学校では、ちゃんとした言葉遣いをしないといけない場面もあるよ。例えば、先輩との会話。よっぽど仲がいい先輩じゃない限り、「タメグチ」を使うのは避けて、敬語を使ったほうがいいよ。敬語をうまく使えるようになるには、敬語で話すことを習慣にするのがいちばんの近道なんだ。

「聞くこと」が会話のコツ

あなたは、友達との会話に自信がある？「ある」って答えた人、すばらしい！ あまり自信がない人も、大丈夫だよ。会話に自信がない人は、たぶん、「うまく話せない」って思ってるんじゃないかな。だけど、会話は一方的に話すことだけじゃ成り立たないよね。話し手と聞き手がいるのが会話なの。聞き役に回って、上手に相づちを打つことができるようになれば、あなたも会話に自信がもてるはず！
試してみてね。

平安時代の女性の名前

清少納言や紫式部が活躍した、およそ千年前の平安時代。その時代の女性たちの本名は、ほとんど伝わってないんだよ。よっぽど身分が高い女性、例えば天皇のきさきとか家柄のよい貴族とか、またはその関係者でない限り、本名は記録に残されなかったし、そもそも当時は、女性の本名は、家族や夫しか知らないのが普通だったんだ。

平安時代の考え方

平安時代のものの考え方には、現代とは違う点がいろいろとあるよ。例えば、占いやまじないは、日常生活と切り離せないものだったし、人の名前にも、特別な力が宿っていると考えられていたんだよ。まじないやのろいなどに使われないためにも、名前は隠しておいたほうがよかったのかもしれないね。清少納言や紫式部という名前も、本名じゃないんだよ。

紫式部
（979？〜1016？年）
一条天皇の中宮彰子に仕えた。『源氏物語』の作者。

清少納言
（966？〜1025？年）
一条天皇の中宮定子に仕えた。『枕草子』の作者。

CECIL McBEE
Study Collection

答えと解説

♥

\勉強おつかれさま。/

英 語

♥ Check Test の答えと解説 ♥

p.54 **第1章 be動詞**

> ❶ウ ❷イ ❸ア ❹イ・エ
> ❺ am ❻ Is ❼ not ❽ This is
> ❾ Is that ❿ She's not[She isn't]

解説 be動詞は主語によって使い分ける。
・主語が I → am
・主語がyou・複数 → are
・主語がheなど I, you以外の単数 → is
❸ be動詞の否定文は、be動詞のあとにnot。I'm
は I amの短縮形。
❹ be動詞の疑問文は、be動詞で文を始める。答
えるときにもbe動詞を使う。
❻ be動詞の疑問文は、be動詞で文を始める。
❼ be動詞の否定文は、be動詞のあとにnot。
We'reはWe areの短縮形。
❽ 「これは～です」はThis is ～.と表す。
❾ 「あれは～ですか」は Is that ～?と表す。
❿ 空所の数が2つなので、短縮形を使う。

p.54 **第2章 一般動詞**

> ❶ア ❷ウ ❸イ ❹ア・オ
> ❺ play ❻ has ❼ don't get
> ❽ Does, live ❾ doesn't eat
> ❿ [例] I like music.
> ⓫ [例] Do you want a new bike[bicycle]?

解説 ❷・❻ 主語が3人称単数の現在の文では、一般動
詞は s や es をつけた3単現の形にする(3単現
の s のつけ方はp.24で確認しよう)。have の3
単現は特別な形でhas。
❸・❾ 主語が3人称単数の一般動詞の否定文は、
動詞の前にdoesn't。動詞を原形にすることに
注意。
❹・⓫ 主語がyouや複数の一般動詞の疑問文は、
Doで文を始める。答えるときにもdo[don't] を

使う。
❺ 「(スポーツを)する」はplay。
❼ 主語が I, you, 複数の一般動詞の否定文は、動
詞の前にdon't。
❽ 主語が3人称単数の一般動詞の疑問文は、
Doesで文を始める。動詞を原形にすることに
注意。

p.55 **第3章 代名詞**

> ❶イ ❷ウ ❸イ ❹ア ❺イ

解説 「～は, が」「～の」「～を, に」「～のもの」を表
すそれぞれの代名詞を、p.28で確認しよう。

p.55 **第4章 疑問詞・名詞の複数形**

> ❶イ ❷ア ❸ウ
> ❹ Which ❺ When ❻ Who
> ❼ ten CDs ❽ How many classes

解説 ❶ 「何」はwhatでたずねる。What is[What's]
～?で「～は何ですか」。
❷ 「どこ」はwhereでたずねる。あとにdo you
～?と疑問文を続けることにも注意。
❸ 「どう」「どのように」はhowでたずねる。
How is[How's] ～?で「～はどうですか」。
❹ 「どちら(の)」はwhichでたずねる。
❺ 「いつ」はwhenでたずねる。
❻ 「誰」はwhoでたずねる。
❼ 2つ以上のものは複数形で表す。複数形はふ
つう、単語の最後にsをつける。複数形の作り方
はp.34で確認しよう。
❽ 「いくつ」はhow manyでたずね、あとの名詞
は複数形にする。class(授業)の複数形はesを
つける。

p.56 **第5章 命令文**

> ❶ Look at the picture.
> ❷ Don't use this room.
> ❸ Let's go to the party.
> ❹ Be quiet in the library.

解説 ❶ 「～しなさい」は動詞で文を始める。「～を

（注意して）見る」はlook at 〜。

❷ 「〜してはいけない」「〜するな」はDon't 〜.と表す。

❸ 「〜しましょう」はLet's 〜.と表す。

❹ be動詞の命令文は、beを使う。

p.56　第6章　現在進行形

❶ウ　　　❷ア　　　❸イ
❹ reading　❺ doing　❻ having
❼ making　❽ swimming
❾【例】I'm[I am] watching TV.

解説 ❶・❾ 「〜している」と進行中の動作を表すときは、〈be動詞 ＋ 〜ing〉。

❷ 「〜しているのですか」はbe動詞で文を始める。

❸ 「〜していません」はbe動詞のあとにnotを入れ、動詞のing形を続ける。

❹〜❽ それぞれの文にbe動詞があることに注目。「〜している」「〜しているのですか」などを表す文になるように、（ ）内の動詞をing形にして［ ］に入れる（ing形の作り方はp.38で確認しよう）。

❻・❼ eで終わる語のing形は、eをとってing。

❽ swimのing形は、最後のmを重ねてing。
各文の意味は次の通り。

❹ 「私は本を読んでいます。」

❺ 「あなたは宿題をしているのですか。」

❻ 「彼らはランチを食べています。」

❼ 「あなた（たち）は何を作っているのですか。」

❽ 「朋美はプールで泳いでいます。」

p.57　第7章　canの文

❶ can　　　❷ can't[cannot]
❸ Can you
❹【例】She can't[cannot] read Japanese.
❺【例】Can he speak Chinese?

解説 ❶ 「〜できる」はcan 〜。動詞はいつも原形。

❷ 「〜できない」はcan't[cannot] 〜。主語が3人称単数であっても、動詞はいつも原形。

❸ Can you 〜?で、「〜してくれますか」とお願いをする表現になる。Can I 〜?なら「〜してもいいですか」と許可を求める表現になる。

❹ 「読む」はread。主語がSheでもcan, can't のあとの動詞は原形にすることに注意。

❺ 「〜できますか」はCanで文を始める。「（言語を）話す」はspeak。原形にすることに注意。

p.57　第8章　過去の文

❶イ ❷イ ❸ア・カ ❹イ
❺ helped ❻ studied ❼ went
❽ have
❾【例】We played basketball yesterday.
❿【例】When did you buy[get] this bag?
⓫【例】We were listening to music then [at that time].

解説 ❶ 「洗いました」なので、動詞を過去形にする。過去形は、ふつうは動詞にedをつける。過去形の作り方はp.42で確認しよう。

❷ 「〜しなかった」はdidn't 〜。動詞は原形にすることに注意。

❸ 「〜しましたか」はDidで文を始め、動詞は原形にすることに注意。

❹ 「〜にいました」なので、be動詞の過去の文に。主語がIなので、wasを選ぶ。

❺〜❽ ❺〜❼は、それぞれlast night（昨日の夜）など過去を表す語句があるので、（ ）内の動詞を過去形にして［ ］に入れる。❽は、didn'tのあとなので、動詞は原形のまま。

❻ studyの過去形はyをiedにする。

❼ goの過去形はwent。不規則動詞の過去形は、p.52-53の表で覚えよう。
各文の意味は次の通り。

❺ 「私は昨日の夜、母を手伝いました。」

❻ 「沙織は昨日、英語を勉強しました。」

❼ 「私たちは3日前に買い物に行きました。」

❽ 「私は今朝、朝食を食べませんでした。」

❿ whenなどの疑問詞の疑問文は、疑問詞で文を始める。ここでは「買ったのですか」という過去の文なので、疑問詞のあとにdid 〜? という疑問文を続ける。

⓫ 過去進行形の文。主語がweなので、be動詞はwereを使う。「〜を聞く」はlisten to 〜。

数学

♥ check!の解説 ♥

p.61 ① $66=2\times3\times11$

② (1) $(+5)+(-9)=-(9-5)=-4$

(2) $(-4)+(-2)=-(4+2)=-6$

(3) $(-6)-(-10)=(-6)+(+10)$
$=+(10-6)=+4$

(4) $3-8+4-9=3+4-8-9$
$=7-17=-10$

p.63 ① $(+6)\times(-2)=-(6\times2)=-12$

② $(-14)\div(-7)=+(14\div7)=2$

③ $2\times5\times(-7)\times(-4)=+(2\times5\times7\times4)$
$=280$

④ $(-4)^3=(-4)\times(-4)\times(-4)=-64$

⑤ $-12\div\left(-\dfrac{4}{3}\right)=-12\times\left(-\dfrac{3}{4}\right)=12\times\dfrac{3}{4}=9$

⑥ $-5^2+27\div(3-6)=-25+27\div(-3)$
$=-25-9=-34$

p.65 ② $-a^2+5=-(-4)^2+5=-16+5=-11$

③ (1) 120円のヘアピンx個の代金は，$120x$円。
よって，1000円出したときのおつりは，
$1000-120x$（円）

(2) 道のり＝速さ×時間 だから，分速amで
8分間散歩したときの道のりは，
$a\times8=8a$（m）

p.67 ① $3x-1+(9x-6)=3x-1+9x-6$
$=3x+9x-1-6=12x-7$

② $8a+7-(4a-2)=8a+7-4a+2$
$=8a-4a+7+2=4a+9$

③ $6a\times(-5)=6\times(-5)\times a=-30a$

④ $32x\div4=\dfrac{32x}{4}=8x$

⑤ $2(9a-8)=2\times9a-2\times8=18a-16$

⑥ $(14x+21)\div(-7)=(14x+21)\times\left(-\dfrac{1}{7}\right)$
$=14x\times\left(-\dfrac{1}{7}\right)+21\times\left(-\dfrac{1}{7}\right)=-2x-3$

p.69 ① $x-14=-2$，$x=-2+14$，$x=12$

② $8x-1=3x+4$，$8x-3x=4+1$，
$5x=5$，$x=1$

③ $3x+9=5x-3$，$3x-5x=-3-9$，
$-2x=-12$，$x=6$

④ $2(x+6)-7x=22$，$2x+12-7x=22$，
$2x-7x=22-12$，$-5x=10$，$x=-2$

⑤ $\dfrac{4}{15}x-2=\dfrac{1}{6}x$
両辺に15と6の最小公倍数の30をかけると，
$\left(\dfrac{4}{15}x-2\right)\times30=\dfrac{1}{6}x\times30$，$8x-60=5x$，
$8x-5x=60$，$3x=60$，$x=20$

⑥ $0.9x+0.5=2.5-0.6x$
両辺を10倍すると，
$(0.9x+0.5)\times10=(2.5-0.6x)\times10$，
$9x+5=25-6x$，$9x+6x=25-5$，
$15x=20$，$x=\dfrac{20}{15}$，$x=\dfrac{4}{3}$

p.71 ① ア…A中学校の生徒の人数x人が決まっても，
B中学校の生徒の人数y人は1つに決まらない。
イ…たとえば，2人（$x=2$）に配るクッキーの枚
数yは1つに決まるから，yはxの関数である。

② 以上，以下は「≦」を用い，その数をふくむ。
未満は「<」を用い，その数をふくまない。

③ yはxに比例するので，比例定数をaとす
ると，式は，$y=ax$とおける。
これに，$x=6$，$y=-24$ を代入して，
$-24=a\times6$，$a=-4$ よって，$y=-4x$

④ $y=ax$に，$x=-2$，$y=6$を代入して，
$6=a\times(-2)$，$a=-3$ よって式は，$y=-3x$
$y=-3x$に$x=4$を代入して，
$y=-3\times4=-12$

p.73 ② ⑦…点$(-3,\ 3)$を通るから，$y=ax$に，
$x=-3$，$y=3$を代入して，$3=a\times(-3)$，
$a=-1$より，式は，$y=-x$
⑨…点$(4,\ 5)$を通るから，$y=ax$に，
$x=4$，$y=5$を代入して，$5=a\times4$，$a=\dfrac{5}{4}$
よって，式は，$y=\dfrac{5}{4}x$

p.75 ① yはxに反比例するので，比例定数をaと
すると，式は，$y=\dfrac{a}{x}$とおける。
これに，$x=3$，$y=-3$を代入して，
$-3=\dfrac{a}{3}$，$a=-9$ よって，$y=-\dfrac{9}{x}$

② $y=\dfrac{a}{x}$に，$x=-6$，$y=-12$を代入して，
$-12=\dfrac{a}{-6}$，$a=72$ よって，$y=\dfrac{72}{x}$

③ 点$(4,\ -1)$を通るから，$y=\dfrac{a}{x}$に，$x=4$，
$y=-1$を代入して，$-1=\dfrac{a}{4}$，$a=-4$
よって，$y=-\dfrac{4}{x}$

p.77 ❶ 垂直二等分線は，線分を垂直に2等分する直線なので，線分ABと，線分ABの垂直二等分線との交点が，線分ABの中点となる。

❷ 円周の長さは，$2\pi \times 8 = 16\pi$ (cm)

面積は，$\pi \times 8^2 = 64\pi$ (cm²)

❸ 弧の長さは，$2\pi \times 10 \times \dfrac{135}{360} = \dfrac{15}{2}\pi$ (cm)

面積は，$\pi \times 10^2 \times \dfrac{135}{360} = \dfrac{75}{2}\pi$ (cm²)

p.79 ❶(1) 平行でなく，交わらない直線なので，右の図の○印がついた辺になる。

(2) 右の図の赤色の辺になる。

(3) 右の図の緑色の面になる。

❷ ❸ 円柱 ℓ

p.81 ❶ 底面積は，$\dfrac{1}{2} \times 3 \times 4 = 6$ (cm²)

側面積は，$9 \times (3+4+5) = 108$ (cm²)

よって，表面積は，$108 + 6 \times 2 = 120$ (cm²)

体積は，$6 \times 9 = 54$ (cm³)

❷ 側面のおうぎ形の中心角は，

$360° \times \dfrac{2\pi \times 6}{2\pi \times 10} = 216°$

よって，側面積は，

$\pi \times 10^2 \times \dfrac{216}{360} = 60\pi$ (cm²)

底面積は，$\pi \times 6^2 = 36\pi$ (cm²)

表面積は，$60\pi + 36\pi = 96\pi$ (cm²)

体積は，$\dfrac{1}{3} \times 36\pi \times 8 = 96\pi$ (cm³)

❸ 表面積は，$4\pi \times 12^2 = 576\pi$ (cm²)

体積は，$\dfrac{4}{3}\pi \times 12^3 = 2304\pi$ (cm³)

p.83 ❶ 累積度数は，$2+6+10 = 18$(人)

140cm以上145cm未満の階級の相対度数は

$2 \div 32 = 0.0625$ よって，0.06

145cm以上150cm未満の階級の相対度数は

$6 \div 32 = 0.1875$ よって，0.19

150cm以上155cm未満の階級の相対度数は

$10 \div 32 = 0.3125$ よって，0.31

累積相対度数は，

$0.06 + 0.19 + 0.31 = 0.56$

❷ 150cm以上155cm未満の階級の度数がもっとも多いから，最頻値はこの階級の階級値で，

$\dfrac{150+155}{2} = 152.5$ (cm)

♥ Check Test の答えと解説 ♥

p.84 **第1章 正負の数**

❶ $56 = 2^3 \times 7$ ❷ $135 = 3^3 \times 5$

❸ イ，オ，カ ❹ ア，エ

❺ オ，カ ❻ ア，イ，エ，オ

❼ -2 ❽ $+13$ ❾ -7 ❿ 2

⓫ 3 ⓬ -7

解説 ❶ $56 = 2 \times 2 \times 2 \times 7 = 2^3 \times 7$

❷ $135 = 3 \times 3 \times 3 \times 5 = 3^3 \times 5$

❸❹❺ 正の数は0より大きい数，負の数は0より小さい数，自然数は1以上の整数。

❻ 絶対値が3以上の数は，-3以下か3以上。

❼ $(+1)+(-3) = -(3-1) = -2$

❽ $(+7)-(-6) = (+7)+(+6) = +(7+6) = +13$

❾ $2-8+3-4 = 2+3-8-4 = 5-12 = -7$

❿ $(-16) \div (-8) = +(16 \div 8) = 2$

⓫ $2 \times (-6) \div (-4) = +(2 \times 6 \div 4) = 3$

⓬ $(-3)^2 \div \left(-\dfrac{6}{5}\right) - \left(-\dfrac{1}{2}\right) = 9 \times \left(-\dfrac{5}{6}\right) + \dfrac{1}{2}$

$= -\dfrac{15}{2} + \dfrac{1}{2} = -\dfrac{14}{2} = -7$

p.84 **第2章 文字と式**

❶ $-xy$ ❷ $-6a^2b$ ❸ -25 ❹ 9

❺ $30 + 130a$(円) ❻ $\dfrac{2400}{x}$分 ❼ $3x-3$

❽ $-4a-2$ ❾ $15a+21$ ❿ $-2x-7$

解説 ❸ $7a-4 = 7 \times a - 4 = 7 \times (-3) - 4 = -21-4$

$= -25$

❹ $-x^3+1 = -(-2)^3+1 = -(-8)+1$

$= 8+1 = 9$

❺ 代金の合計＝あめの代金＋チョコレートの代金

  $\underset{30}{}$ $\underset{130 \times a}{}$

❻ 時間＝$\dfrac{道のり}{速さ}$ だから，2.4km＝2400m を分

速 xm で進むのにかかる時間は，$\dfrac{2400}{x}$分

❼ $2x+6+(x-9) = 2x+6+x-9$

$= 2x+x+6-9 = 3x-3$

⑧ $4a-5-(8a-3)=4a-5-8a+3$
$=4a-8a-5+3=-4a-2$

⑨ $3(5a+7)=3×5a+3×7=15a+21$

⑩ $(8x+28)÷(-4)=(8x+28)×\left(-\dfrac{1}{4}\right)$
$=8x×\left(-\dfrac{1}{4}\right)+28×\left(-\dfrac{1}{4}\right)=-2x-7$

p.85 **第3章　方程式**

❶ $x=-14$　　❷ $x=-4$　　❸ $x=5$
❹ $x=-1$　　❺ $x=1$　　❻ $x=15$
❼ $x=3$　　❽ $x=-7$　　❾ 8セット

解説 ❶　$x+3=-11$, $x=-11-3$, $x=-14$

❷　$3x-4=-16$, $3x=-12$, $x=-4$

❸　$5x-6=2x+9$, $5x-2x=9+6$, $3x=15$, $x=5$

❹　$8x+7=-5x-6$, $8x+5x=-6-7$,
$13x=-13$, $x=-1$

❺　$4(x+2)-9=3$, $4x+8-9=3$, $4x=4$, $x=1$

❻　$6:x=2:5$, $x×2=6×5$, $2x=30$, $x=15$

❼　$\dfrac{4}{15}x+1=\dfrac{3}{5}x$　両辺に15をかけると,
$\left(\dfrac{4}{15}x+1\right)×15=\dfrac{3}{5}x×15$, $4x+15=9x$,
$4x-9x=-15$, $-5x=-15$, $x=3$

❽　$0.7x+1.3=0.4x-0.8$　両辺を10倍すると,
$(0.7x+1.3)×10=(0.4x-0.8)×10$,
$7x+13=4x-8$, $7x-4x=-8-13$,
$3x=-21$, $x=-7$

❾　3本入りをxセットとすると, 5本入りは,
$(13-x)$セットと表せる。
ボールペンは全部で49本あるから, 方程式は,
$3x+5(13-x)=49$
これを解くと, $3x+65-5x=49$,
$3x-5x=49-65$, $-2x=-16$, $x=8$
したがって, 3本入りのボールペンは8セット。

p.85 **第4章　比例と反比例**

❶ ×　　❷ △　　❸ ○　　❹ $3≦x≦8$
❺ $-2≦x<0$　　❻ $y=4x$　　❼ $y=\dfrac{12}{x}$
❽ ⑦$y=2x$　　⑦$y=-\dfrac{1}{2}x$　　❾ $y=\dfrac{4}{x}$

⑩ **右の赤のグラフ**

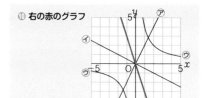

解説 ❶❷❸　❶は, $y=x+180$ と表せるので, 比例でも反比例でもない。❷は, $y=\dfrac{5}{x}$ と表せるので, y は x に反比例している。❸は, 道のり＝速さ×時間だから, $y=4x$ と表せるので, y は x に比例している。

❺　x が-2以上 ➡ -2をふくむから, $-2≦x$
x が0未満 ➡ 0をふくまないから, $x<0$
これをまとめて, $-2≦x<0$

❻　a を比例定数とすると, $y=ax$ とおける。この式に, $x=2$, $y=8$ を代入して,
$8=a×2$, $a=4$　よって, $y=4x$

❼　a を比例定数とすると, $y=\dfrac{a}{x}$ とおける。この式に $x=4$, $y=3$ を代入して,
$3=\dfrac{a}{4}$, $a=12$　よって, $y=\dfrac{12}{x}$

❽　⑦ y は x に比例し, 点$(1, 2)$を通るから,
$y=ax$ に, $x=1$, $y=2$ を代入すると,
$2=a×1$, $a=2$　よって, $y=2x$
⑦ y は x に比例し, 点$(2, -1)$を通るから,
$y=ax$ に $x=2$, $y=-1$ を代入すると,
$-1=a×2$, $a=-\dfrac{1}{2}$　よって, $y=-\dfrac{1}{2}x$

❾　y は x に反比例し, 点$(2, 2)$を通るから,
$y=\dfrac{a}{x}$ に, $x=2$, $y=2$ を代入すると,
$2=\dfrac{a}{2}$, $a=4$　よって, $y=\dfrac{4}{x}$

⑩　原点Oと点$(1, -3)$を通る直線をひく。

p.86 **第5章　平面図形**

❶ AE∥BD　❷ AE⊥FC　❸ △AFC, △EDC
❹
❺

⑥ 円周の長さ…6π cm　　　面積…9π cm²

⑦ 弧の長さ…$\frac{8}{3}$π cm　　　面積…$\frac{16}{3}$π cm²

解説 ③ 辺ACを軸にして対
称移動すると△AFC
に，辺CFを軸にして
対称移動すると△EDC
に重ね合わせることができる。

④ 点A，Bをそれぞれ中心とする同じ半径の円
をかき，その交点を通る直線をひく。

⑤ ①点Oを中心とする円をかく。
　②①の円と直線OC，ODの交点をそれぞれ中
　　心とする同じ半径の円をかく。
　③②の交点と頂点Oを通る直線をひく。

⑥ 円周の長さは，$2π×3=6π$ (cm)
　面積は，$π×3^2=9π$ (cm²)

⑦ 弧の長さは，$2π×4×\frac{120}{360}=\frac{8}{3}π$ (cm)
　面積は，$π×4^2×\frac{120}{360}=\frac{16}{3}π$ (cm²)

p.86 **第6章　空間図形**

❶ ア…6　イ…15　ウ…18　エ…三角形　オ…8
❷ 辺BE，辺CF　　❸ 辺AD，辺BE，辺BC
❹ 辺AD，辺DE，辺DF
❺ 面BCFE，面ABC，面DEF
❻ 辺DE，辺EF，辺FD
❼ 表面積…112π cm²，体積…160π cm³
❽ 表面積…216π cm²，体積…324π cm³
❾ 表面積…36π cm²，　体積…36π cm³
❿ 四角錐　⓫ 五角柱　⓬ 三角柱
⓭ 半径8cmの半球　⓮ $\frac{1024}{3}π$ cm³

解説 ③　四角形ABEDは長方形なので，AB⊥AD，
AB⊥BE　また，△ABCは直角三角形。

④ 辺BCと平行でなく，交わらない辺を選ぶ。

⑦ 表面積は，
$10×2π×4+(π×4^2)×2$
$=80π+32π=112π$ (cm²)
体積は，
$π×4^2×10=160π$ (cm³)

⑧ 側面のおうぎ形の中心角は，
$\frac{2π×9}{2π×15}=\frac{3}{5}$，$360°×\frac{3}{5}=216°$

したがって，表面積は，
$π×15^2×\frac{216}{360}+π×9^2$
$=135π+81π=216π$ (cm²)
体積は，$\frac{1}{3}×π×9^2×12$
$=324π$ (cm³)

⑨ 表面積は，$4π×3^2=36π$ (cm²)
体積は，$\frac{4}{3}π×3^3=36π$ (cm³)

⑩⑪⑫　次のような立体になる。

⑩ 　　　　⑪ 　　　　⑫
四角錐　　　五角柱　　　三角柱

⑬ 半径8cmの半球ができる。
⑭ 半径8cmの球の体積の
半分だから，
$\frac{4}{3}π×8^3×\frac{1}{2}=\frac{1024}{3}π$ (cm³)

p.87 **第7章　データの分析**

❶ ア　7　イ　0.20
❷ 80点以上85点未満の階級
❸ 87.5点　　　　　❹ 40%
❺ 0.43

解説 ❶　ア…度数の合計が30人だから，
$30-(2+3+6+8+3+1)=7$
イ…75点以上80点未満の階級の度数は6人だか
ら，相対度数は，$\frac{6}{30}=0.20$

❷ データの個数は30だから，中央値は，大きさ
の順で15番目と16番目の値の平均で，どちら
も80点以上85点未満の階級に入っている。

❸ 度数がもっとも多い階級は，85点以上90点未
満の階級だから，最頻値はこの階級の階級値で，
$\frac{85+90}{2}=87.5$(点)

❹ 85点以上の度数は，$8+3+1=12$(人)だから，
$12÷30=0.4$　より，全体の40%

❺ 表向きになる相対度数$=\frac{\text{表向きの回数}}{\text{投げた回数}}$
を求めると，$44÷100=0.44$，$216÷500=0.432$，
$430÷1000=0.43$，$860÷2000=0.43$と，投げた
回数が多くなるにつれて，0.43に近づいている。

理科

♥ Check Testの答えと解説 ♥

p.118　第1章　いろいろな生物と共通点

❶ おしべ，がく（順不同）　❷ 子房，胚珠
❸ 果実，種子　❹ 被子植物
❺ 裸子植物　❻ 主根，側根　❼ ひげ根
❽ ア，平行脈　❾ 胞子　❿ 脊椎動物
⓫ 胎生　⓬ 子…えらと皮膚，親…肺と皮膚
⓭ カニ，カブトムシ　⓮ 節足動物

解説 ❶ 植物の種類によって花弁の形や色，おしべなどの数や色は異なるが，花のつくりの順番は，どの花も外側からがく，花弁，おしべ，めしべになっている。
❷ 子房はめしべのもとのふくらんだ部分で，中に胚珠がある。
❸ 受粉後，子房は果実に，胚珠は種子に成長する。
❹ 種子をつくる種子植物は，胚珠のようすで被子植物と裸子植物に分けられる。
❺ 裸子植物にはマツやイチョウなどがある。
❻ 太い根を主根，主根から出る細い根を側根という。
❼ 茎の下から出る同じような太さの根をひげ根という。
❽ 単子葉類は，子葉が1枚の被子植物。葉は平行脈をもつ。
❾ シダ植物やコケ植物は，種子をつくらず，胞子をつくってなかまをふやす。
❿ 背骨のある動物を脊椎動物といい，魚類，両生類，は虫類，鳥類，哺乳類の5つに分けられる。
⓫ 胎生は，哺乳類に見られる特徴である。胎生の動物は，母親が子に乳を与えて育てる。
⓬ 両生類の皮膚はしめっており，子のときはえらと皮膚で呼吸し，親になると肺と皮膚で呼吸する。
⓭ 節足動物を選ぶ。イカとマイマイは軟体動物。
⓮ 無脊椎動物のうち，節のある外骨格をもつ動物を節足動物という。

p.119　第2章　身のまわりの物質

❶ 有機物　❷ 砂糖，小麦粉，プラスチック
❸ 4　❹ イ　❺ 気体　❻ 融点，沸点
❼ ア　❽ 蒸留　❾ イ　❿ イ
⓫ 酸素　⓬ イ　⓭ 上方，イ　⓮ ア
⓯ 20　⓰ 溶解度　⓱ イ　⓲ 再結晶

解説 ❶ 物質は有機物と無機物に分けられる。有機物は炭素をふくみ，燃やすと二酸化炭素（多くの場合は水も）を発生する。
❷ プラスチックは，石油などを原料としてつくられた有機物である。
❸ $\dfrac{20g}{5cm^3}=4g/cm^3$
❹ 物質が状態変化するとき，体積は変化するが全体の質量は変化しない。
❺ 例えば，液体のエタノールを加熱すると，粒子の運動が激しくなり，粒子が自由に飛び回ることができるようになる。この状態が気体である。
❻・❼ 純粋な物質の融点や沸点は決まった値を示すが，混合物では一定の値を示さない。図1で，純粋な物質が液体から気体に状態変化している間は温度が変わらないので，グラフは平らになる。
❽・❾ 混合物の蒸留では，先に沸点の低い物質が多く出てくる。水の沸点は100℃，エタノールの沸点は約78℃である。
⓫ 酸素はものを燃やすはたらきがある。
⓬ うすい塩酸に石灰石を加えると，二酸化炭素が発生する。
⓭ 上方置換法は，水にとけやすく，空気より密度が小さい（軽い）気体を集める方法である。
⓮ 砂糖水の溶質は砂糖，溶媒は水である。
⓯ $\dfrac{20g}{(80+20)g}\times100=20$より，20％
⓰ 溶解度は物質の種類や温度によって決まっている。
⓱ 温度による溶解度の差が大きい物質は，水溶液を冷やすことでとけきれなくなった分を結晶としてとり出すことができる。
⓲ 再結晶には，水溶液を冷やしたり，水溶液の水を蒸発させたりする方法がある。

p.120 **第3章 身のまわりの現象**

❶ ア ❷ （光の）屈折 ❸ ア ❹ （光の）全反射
❺ 焦点 ❻ ア，エ ❼ イ，ウ
❽ 1020 ❾ エ ❿ ア ⓫ 重力
⓬ イ ⓭ ニュートン（N） ⓮ フック
⓯ ア ⓰ イ ⓱ つり合っている
⓲ 等しい（同じ），反対（逆）

解説 ❶ 光の反射では，入射角（A）と反射角（B）は等しくなる。これを光の反射の法則という。
❸ 光が空気中から水中に進むとき，入射角＞屈折角となるので，境界面から遠ざかるように折れ曲がる。
❹ 全反射が起こるのは，光が水中（ガラス中）から空気中に進むときである。
❺ 焦点は凸レンズの両側に1つずつある。
❻ 実像は，実際に光が集まってできる像で，スクリーンに映すことができる。
❼ 虚像は，光が集まってできた像ではないのでスクリーンに映すことはできず，凸レンズをのぞいたときに見える。物体と同じ向きで大きく見える。
❽ 340m／s×3s＝1020m
❾ 大きい音は，振幅（波の高さ）が大きい。
❿ 高い音は，振動数（波の数）が多い。
⓫ 地球上のすべての物体に重力がはたらく。
⓬ 変形したゴムやばねなどがもとにもどろうとして生じる力を弾性力という。
⓯ 力を矢印で表すときは，力の大きさを矢印の長さ，力の向きを矢印の向き，作用点を矢印の根もとの位置で表す。
⓰ 重さは物体にはたらく重力の大きさである。
⓱ つり合っている2力は，大きさが等しく，向きが反対で，一直線上にある。

p.121 **第4章 大地の変化**

❶ マグマ ❷ ア ❸ ウ ❹ 火山岩，B
❺ 深成岩，A ❻ ア ❼ イ ❽ イ
❾ 震源，震央 ❿ 初期微動，主要動
⓫ イ ⓬ イ ⓭ イ ⓮ イ ⓯ ア
⓰ ア ⓱ 凝灰岩 ⓲ ア ⓳ イ，オ

解説 ❷ マグマのねばりけが弱いと溶岩が流れやすいので，アのような傾斜のゆるやかな形の火山になる。逆に，マグマのねばりけが強いと溶岩が流れにくいので，ウのような盛り上がった形の火山になる。
❸ マグマのねばりけが強いと激しい爆発的な噴火になり，ねばりけが弱いと多量の溶岩が流れ出るような比較的おだやかな噴火になる。
❹ 火山岩は，マグマが地表近くで急速に冷え固まってできた岩石で，斑状組織（B）をもつ。
❺ 深成岩は，マグマが地下深くでゆっくり冷え固まってできた岩石で，ほぼ同じ大きさの鉱物が組み合わさった等粒状組織（A）をもつ。
❻ 斑状組織は，結晶になれなかった細かい粒（石基）の中に，比較的大きな鉱物（斑晶）が散らばったつくりをしている。
❼ 花こう岩は深成岩で，白っぽい色の鉱物を多くふくむので岩石の色が白っぽい。玄武岩は，火山岩で黒っぽい色の岩石である。
❽ 石英は，無色や白っぽい色の無色鉱物である。
❿ はじめに起こる小さなゆれを初期微動，あとから起こる大きなゆれを主要動という。
⓫ 初期微動を起こすのはP波，主要動を起こすのはS波である。
⓬ Aのゆれが続く時間を初期微動継続時間という。震源からの距離が遠いほど，初期微動継続時間は長くなる。
⓭ マグニチュードは地震の規模の大きさを表し，震度はゆれの強さの程度を表す。
⓮ 断層は，地層がずれたものである。
⓯ れき岩や砂岩は流水のはたらきでできた堆積岩なので，粒の形は丸みを帯びている。
⓰ 生物の死がいなどからできた堆積岩のうち，石灰岩は炭酸カルシウム，チャートは二酸化ケイ素がおもな成分である。
⓱ 凝灰岩は火山灰などの火山噴出物からできた堆積岩で，粒は角ばっている。
⓲ 示相化石にはサンゴやシジミなどの化石がある。
⓳ 示準化石は，地層ができた時代を推定することができる化石である。

203

社会

♥ check!の解説 ♥

p.141 **❷** デンマークやスウェーデンなど，EU加盟
国でもユーロを導入していない国もある。

p.147 **❷** ブラジルで産出した鉄鉱石は，日本にも多
く輸出されている。

p.153 **❶❷** 埴輪は，古墳の上に並べられた焼き物
で，人物・家・動物などの形をしたものがある。
縄文時代につくられた土偶と区別しよう。

p.159 **❶** 関白は天皇を補佐する職。藤原氏は天皇が
成人すると，この職に就いた。国司は，律令制
度で国ごとに置かれた地方の役人で，都から貴
族が交代で派遣された。

♥ Check Testの答えと解説 ♥

p.164 **第1章　地理：世界の姿／日本の姿**

❶ ユーラシア大陸　　❷ 太平洋
❸ アジア州　　❹ ロシア
❺ バチカン市国　　❻ 与那国島
❼ 本初子午線　　❽ 北方領土
❾ 排他的経済水域
❿ イ　⓫ イ　⓬ ウ　⓭ イ　⓮ ウ

解説 ❽ 北方領土は北海道の北東部に連なる。
⓾ 沖ノ鳥島は東京都に属し，水没を防ぐために
護岸工事が行われた。日本の最南端は「南鳥島」
ではないので，注意しよう。
⓭ 乾燥帯の地域では，森林が育たないため，土
をこねて固めた日干しれんがが家の材料として
使われる。

p.164 **第2章　地理：世界の諸地域**

❶ モンスーン（季節風）
❷ 経済特区
❸ 石油輸出国機構（ŌPEC）
❹ 混合農業　　❺ カカオ（豆）
❻ 適地適作　　❼ サンベルト
❽ シリコンバレー
❾ バイオエタノール（バイオ燃料）
❿ アボリジニ　⓫ マオリ
⓬ 白豪主義　⓭ ア　⓮ ア　⓯ イ
⓰ イ　⓱ イ　⓲ エ　⓳ ウ　⓴ イ

解説 ❺ コートジボワールやガーナなど，ギニア湾岸
の国々で生産量が多いことに着目する。
⓴ オーストラリアは鉱産資源が豊富で，西部で
鉄鉱石，東部で石炭の産出がさかんである。

p.166 **第3章　歴史：古代までの日本
（旧石器時代〜古墳時代）**

❶ 旧石器時代　　❷ 新人
❸ エジプト文明　　❹ 甲骨文字
❺ シルクロード（絹の道）　　❻ イエス
❼ イスラム教　　❽ 仏教
❾ 縄文土器　　❿ 弥生時代
⓫ 卑弥呼　　⓬ 大和政権(ヤマト王権)
⓭ 古墳　　⓮ 渡来人

解説 ❶ 磨製石器を使用し，農耕や牧畜を始めた時代
を，新石器時代という。
❸ ナイル川の流域に栄えたエジプト文明では，
ピラミッドがつくられ，太陽暦や象形文字が使
われた。
⓫ 邪馬台国の卑弥呼については，中国の『魏志
倭人伝』に記されている。

P.166　**第4章　歴史：古代までの日本**
　　　（飛鳥時代〜平安時代）

❶ イ　**❷** ア　**❸** ア　**❹** イ　**❺** ア
❻ 大化の改新　**❼** 平城京
❽ 租　**❾** 仏教
❿ 天平文化　**⓫** 平安京
⓬ 摂関政治　**⓭** 国風文化
⓮ 清少納言

解説　**❸**　法隆寺は世界遺産に登録されている，現存す
る世界最古の木造建築である。
　　❻　大化の改新では，それまで豪族が支配してい
た土地や人民を，国家が直接支配するという公
地・公民の方針が示された。
　　❽　ほかに地方の特産物を納める調，労役の代わ
りに布を納める庸などの税があった。

P.167　**第5章　歴史：中世の日本**
　　　（鎌倉時代〜室町時代）

❶ イ　**❷** ウ　**❸** イ
❹ 奉公　**❺** 承久の乱
❻ 金剛力士像　**❼** フビライ
❽ 元寇（蒙古襲来）　**❾** 足利尊氏
❿ 日明貿易(勘合貿易)　**⓫** 応仁の乱

解説　**❶**　平清盛は，後白河上皇の院政を助け，武士と
して初めて太政大臣となった。院政は天皇が位
をゆずり上皇となって行った政治で，白河上皇
が摂政や関白をおさえて始めた。
　　❹　御恩は将軍が御家人の領地を保護したり，新
しい領地を与えたりすること。奉公は，御家人
が鎌倉や京都の警備を行い，戦いが起こったと
きは将軍のために戦うこと。
　　❾　鎌倉幕府は，足利尊氏らを味方に付けた後醍
醐天皇がたおした。後醍醐天皇が行った政治を
建武の新政という。
　　❿　明との貿易は，日本が明に朝貢する形で行わ
れた。

間違えたところは，
よく復習しよう☆

国　語

♥ **Check Test の答えと解説** ♥

p.190　第1章　漢字・語句

❶ つくり　　　❷ へん　　　　❸ かんむり
❹ こざとへん　❺ こころ　　　❻ がんだれ
❼ 左から右　　❽ 最後　　　　❾ 先
❿ 四 (4)　　　⓫ 一 (1)

⓬ イ　　　　　⓭ イ　　　　　⓮ ア
⓯ ウ　　　　　⓰ エ　　　　　⓱ エ
⓲ ア　　　　　⓳ イ　　　　　⓴ ア

解説
❶〜❸　部首とは、漢字を形で分類するときの基準となる部分で、このほかに「あし」「たれ」「にょう」「かまえ」がある。
❹　「おおざと」は同じ形だが、位置が違うので注意。
❺　部首はそれぞれが意味をもっている。例えば「志」「思」「意」は「心」に関係する意味をもつ。
❼〜❾　筆順は、漢字を書くときに筆の運びをよくし、字の形を整えやすくするために決められている。このほかに「払い」は左払いが先、右払いがあとなどの原則がある。
❿・⓫　間違えやすい筆順の漢字はほかに「万」「必」「永」「馬」などがある。
⓬　ほかに「改革・善良・身体」など。
⓭　ほかに「貸借・増減・難易」など。
⓮　ほかに「地震・市立・人造」など。
⓯　ほかに「血管・海底・永住」など。
⓰・⓱　ほかに「握手・遅刻・消火」など。
⓲　「人々」「木々」のように「々」を使って表すことが多い。
⓳　ア・ウ・エの例は、「不能・未熟・非常」。
⓴　イ・ウ・エの例は、「端的・整然・急性」。

p.191　第2章　文法

❶ エ　　　　　❷ ウ　　　　　❸ ア
❹ イ　　　　　❺ ウ　　　　　❻ エ
❼ ウ　　　　　❽ ウ　　　　　❾ イ
❿ イ　　　　　⓫ エ

⓬ 主語　　　　⓭ 体言　　　　⓮ 呼応(陳述・叙述)
⓯ かなり　　　⓰ ようだ　　　⓱ この
⓲ ねえ　　　　⓳ 助詞

⓴ ウ　　　　　㉑ エ　　　　　㉒ ア
㉓ ウ　　　　　㉔ ア　　　　　㉕ イ
㉖ エ　　　　　㉗ イ　　　　　㉘ ア
㉙ ウ　　　　　㉚ エ

㉛ ご覧になる　㉜ 存する(存じる・存じ上げる)
㉝ 謙譲語
㉞ 召し上がって（お食べになって）
㉟ いただき

解説
❶　文節をさらに細かく分けた、最も小さな単位である「単語」との違いを理解しよう。
❷　言葉には、「文章（談話）・段落・文・文節・単語」の五つの単位がある。
❸　「何（誰）が−どうする」という主語・述語の関係。
❹　修飾する文節と、修飾される文節の関係。
❺　接続語とそれを受けて続く関係。
❻　二つ以上の文節が対等に並ぶ関係。
❼　主な意味を表す文節「頼んで」と補助的な意味を添える文節「みる」の関係。
❽　文の成分には5種類あり、「接続語」は前後の文や文節をつなぎ、その関係を示す。
❾　「主部」「述部」のように、連文節の場合は「〜部」という。
❿　それだけで意味がわかり、単独で文節を作ることができるものを自立語、それだけでは意味がわからず、単独では文節を作ることができないものを付属語という。
⓫　活用しない自立語で助詞を伴って主語になるのは、名詞だけである。
⓬・⓭　名詞は人や物、事柄などの名前を表し、活用しない自立語の一つである。

⑭　副詞は、活用しない自立語である。ほかに、連体詞・感動詞・接続詞も活用しない自立語として覚えておこう。

⑮　「かなり」は程度を表す副詞である。

⑯　あとに決まった言い方がくる副詞を、「呼応（陳述・叙述）の副詞」という。ほかに「おそらく〜でしょう」や「どうか〜ほしい」などの言い方がある。

⑰　「この」は、「〜の」型の連体詞で、あとに付く体言（名詞）を修飾している。「もの」は形式名詞である。

⑱　付属語は、活用しない助詞と、活用する助動詞の2品詞である。

⑳・㉑　アは数詞、イは固有名詞、オは形式名詞である。

㉒　「小さな」は「〜な」型の連体詞である。「小さいねこ。」の「小さい」は形容詞なので注意。

㉓　文の中で「また」の位置を変えてみよう。「また今日も電話できなかった。」としても意味が通じるので、接続詞ではなく副詞である。

㉖　「快適だ」という理由で、「起きたくない」という結論になるので、順接の意味である。

㉗　「伺う」は、「行く・聞く」の謙譲語である。

㉘　「いらっしゃる」は「行く・来る・いる」の尊敬語である。

㉚　アは「お話しになる」＋尊敬の助動詞「れる」の二重敬語になっていて、敬語表現として正しくない。イは謙譲語。ウは謙譲語「申し上げる」＋尊敬の助動詞「られる」で、敬語表現として正しくない。

㉛　「見る」に対応する、特別な動詞の謙譲語は「拝見する」である。合わせて覚えよう。

p.193　**第3章　古典**

❶ いう　　　　❷ おかし　　　❸ なんじ
❹ かじ　　　　❺ きょう　　　❻ かんなづき
❼ 連体形　　　❽ 已然形
❾ みやつことなんいいける
❿ よろずのことにつかいける
⓫ いとうつくしゅうていたり

解説　❶ 歴史的仮名遣いのきまりで、語の頭以外にある「は・ひ・ふ・へ・ほ」は、「わ・い・う・え・お」と読む。

❷ 「ゐ・ゑ・を」は「い・え・お」と読む。「をかし」は「おかし」。

❸ 「ぢ・づ」は「じ・す」と読む。「なんぢ」は「なんじ」。

❹ 「くわ・ぐわ」は「か・が」と読む。「くわじ」は「かじ（火事）」。

❺ 「au・iu・eu・ou」は「ô・yû・yô・ô」と読む。「けふ」はまず「けう」と読んで、さらに、「eu」は「yô」と読むので「きょう（今日）」。

❻ 「かむなづき」は「かんなづき」。助詞の「なむ」や、助動詞の「けむ」などの「む」も「ん」と読む。

❼・❽　文中に係りの助詞「ぞ・なむ・や・か・こそ」があると、文末が決まった活用形になる。このきまりを「係り結び（の法則）」という。文末の活用形は、「ぞ・なむ・や・か」があると連体形、「こそ」があると已然形になる。

❾〜⓫　歴史的仮名遣いのきまりに従って、現代仮名遣いに直そう。

セシルマクビー
スタディコレクション
中1
改訂版

❤協力　CECIL McBEE　(株)ビリーフ

❤編集協力　上保匡代, 水島郁, 村西厚子, 甲野藤文宏, 小縣宏行, 佐藤美穂, (有)マイプラン,
(株)バンティアン, 佐野秀好, 八木佳子, チームルービック, 遠藤理恵, 田中裕子

❤英文校閲　Joseph Tabolt, Edwin. L. Carty
❤デザイン　吉本桂子, 長尾紗菜恵 (sandesign)
❤本文イラスト　【ガールズ】はしあさこ/【英】miri, 椎名菜奈美, 古市万紀/【数】はしあさこ, MIWA★/
【理】MIWA★/【社】橋本豊, 渡邉美里/【国】岩崎あゆみ, さがら みゆ, 菊地やえ
❤写真提供　各写真そばに記載。記載のないものは編集部または学研写真資料課など
❤DTP　(株)明昌堂　データ管理コード：21-1772-0442 (CC19)
❤図版　(株)明昌堂, 木村図芸社

この本は下記のように環境に配慮して製作しました。
・製版フィルムを使用しないCTP方式で印刷しました。
・環境に配慮して作られた紙を使用しています。

読者アンケートのお願い

本書に関するアンケートにご協力ください。下の
コードかURLからアクセスし，以下のアンケート番
号を入力してご回答ください。当事業部に届いた
ものの中から抽選で年間200名様に，「図書カー
ドネットギフト」500円分をプレゼントいたします。

● アンケート番号：305364
● https://ieben.gakken.jp/qr/cecil/

＼あなたの学びをサポート！／

家で勉強しよう。学研のドリル・参考書
Webページや編集部 Twitterでは，最新のドリル・参考書の情報や，おすすめの勉強法などをご紹介しています。ぜひご覧ください。

● URL　https://ieben.gakken.jp/
● Twitter　@gakken_ieben

CECIL McBEE

Study Planning Notebook

How to Use 効率的に勉強しよう！

Plan	Do	Record	Review
計画	行動	記録	見直し

１日が始まる前に、その日の目標ややることを書き出しましょう。
計画をもとに行動し、１日の終わりにその結果を記録し、振り返りましょう。

1 今日の日付・曜日を記入しましょう。

5 １日が終わったらトータルの勉強時間を書きましょう。

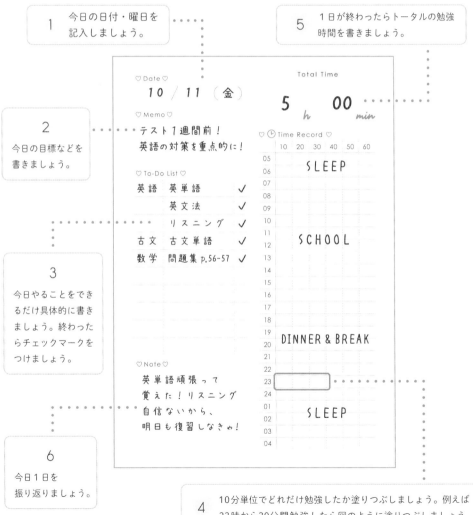

♡ Date ♡
10 / 11 （金）

♡ Memo ♡
テスト１週間前！
英語の対策を重点的に！

♡ To-Do List ♡
英語	英単語	✓
	英文法	✓
	リスニング	✓
古文	古文単語	✓
数学	問題集 p.56-57	✓

♡ Note ♡
英単語頑張って
覚えた！リスニング
自信ないから、
明日も復習しなきゃ！

Total Time
5 h   00 min

♡ 🕐 Time Record ♡
10 20 30 40 50 60

05
06 SLEEP
07
08
09
10
11 SCHOOL
12
13
14
15
16
17
18
19 DINNER & BREAK
20
21
22
23
24
01 SLEEP
02
03
04

2 今日の目標などを書きましょう。

3 今日やることをできるだけ具体的に書きましょう。終わったらチェックマークをつけましょう。

6 今日１日を振り返りましょう。

4 10分単位でどれだけ勉強したか塗りつぶしましょう。例えば23時から30分間勉強したら図のように塗りつぶしましょう。科目ごとに色分けすると分かりやすくなります。

内容：32ページ（約１か月分）

♡ Date ♡

/　　　（　　）

Total Time

♡ Memo ♡

h　　　*min*

♡ 🕐 Time Record ♡

	10	20	30	40	50	60
05						
06						
07						
08						
09						
10						
11						
12						
13						
14						
15						
16						
17						
18						
19						
20						
21						
22						
23						
24						
01						
02						
03						
04						

♡ To-Do List ♡

♡ Note ♡

♡ Date ♡

/ ( )

♡ Memo ♡

h   min

♡ 🕐 Time Record ♡

	10	20	30	40	50	60
05						
06						
07						
08						
09						
10						
11						
12						
13						
14						
15						
16						
17						
18						
19						
20						
21						
22						
23						
24						
01						
02						
03						
04						

♡ To-Do List ♡

♡ Note ♡

♡ Date ♡

/   (   )

♡ Memo ♡

Total Time

h   min

♡ 🕐 Time Record ♡

	10	20	30	40	50	60
05						
06						
07						
08						
09						
10						
11						
12						
13						
14						
15						
16						
17						
18						
19						
20						
21						
22						
23						
24						
01						
02						
03						
04						

♡ To-Do List ♡

♡ Note ♡

♡ Date ♡

/   ( )

♡ Memo ♡

h   *min*

♡ 🕐 Time Record ♡

♡ To-Do List ♡

	10	20	30	40	50	60
05						
06						
07						
08						
09						
10						
11						
12						
13						
14						
15						
16						
17						
18						
19						
20						
21						
22						
23						
24						
01						
02						
03						
04						

♡ Note ♡

♡ Date ♡

/ ( )

♡ Total Time ♡

h *min*

♡ Memo ♡

♡ 🕐 Time Record ♡

	10	20	30	40	50	60
05						
06						
07						
08						
09						
10						
11						
12						
13						
14						
15						
16						
17						
18						
19						
20						
21						
22						
23						
24						
01						
02						
03						
04						

♡ To-Do List ♡

♡ Note ♡

♡ Date ♡

___ / ___ (___)

♡ Memo ♡

♡ To-Do List ♡

♡ Note ♡

Total Time

h   min

♡ 🕐 Time Record ♡

	10	20	30	40	50	60
05						
06						
07						
08						
09						
10						
11						
12						
13						
14						
15						
16						
17						
18						
19						
20						
21						
22						
23						
24						
01						
02						
03						
04						

♡ Date ♡

/ ( )

♡ Memo ♡

h   min

♡ 🕐 Time Record ♡

	10	20	30	40	50	60
05						
06						
07						
08						
09						
10						
11						
12						
13						
14						
15						
16						
17						
18						
19						
20						
21						
22						
23						
24						
01						
02						
03						
04						

♡ To-Do List ♡

♡ Note ♡

♡ Date ♡

/ ( )

♡ Memo ♡

♡ To-Do List ♡

♡ Note ♡

h min

♡ 🕐 Time Record ♡

	10	20	30	40	50	60
05						
06						
07						
08						
09						
10						
11						
12						
13						
14						
15						
16						
17						
18						
19						
20						
21						
22						
23						
24						
01						
02						
03						
04						

♡ Date ♡

/ ( )

Total Time

♡ Memo ♡

h   min

♡ To-Do List ♡

♡ Note ♡

♡ 🕐 Time Record ♡	10	20	30	40	50	60
05						
06						
07						
08						
09						
10						
11						
12						
13						
14						
15						
16						
17						
18						
19						
20						
21						
22						
23						
24						
01						
02						
03						
04						

♡ Date ♡

/ (   )

♡ Memo ♡

h   min

♡ 🕐 Time Record ♡

	10	20	30	40	50	60
05						
06						
07						
08						
09						
10						
11						
12						
13						
14						
15						
16						
17						
18						
19						
20						
21						
22						
23						
24						
01						
02						
03						
04						

♡ To-Do List ♡

♡ Note ♡

♡ Date ♡

/ ( )

♡ Memo ♡

♡ To-Do List ♡

_____

_____

_____

_____

_____

_____

_____

_____

_____

_____

_____

♡ Note ♡

♡ 🕐 Time Record ♡

	10	20	30	40	50	60
05						
06						
07						
08						
09						
10						
11						
12						
13						
14						
15						
16						
17						
18						
19						
20						
21						
22						
23						
24						
01						
02						
03						
04						

♡ Date ♡

/　　（　　）

♡ Memo ♡

h　　　　*min*

♡ 🕐 Time Record ♡

	10	20	30	40	50	60
05						
06						
07						
08						
09						
10						
11						
12						
13						
14						
15						
16						
17						
18						
19						
20						
21						
22						
23						
24						
01						
02						
03						
04						

♡ To-Do List ♡

♡ Note ♡

♡ Date ♡

/ ( )

♡ Memo ♡

h   min

♡ 🕐 Time Record ♡

	10	20	30	40	50	60
05						
06						
07						
08						
09						
10						
11						
12						
13						
14						
15						
16						
17						
18						
19						
20						
21						
22						
23						
24						
01						
02						
03						
04						

♡ To-Do List ♡

♡ Note ♡

♡ Date ♡

/ ( )

♡ Memo ♡

h *min*

♡ To-Do List ♡

_____

_____

_____

_____

_____

_____

_____

_____

_____

♡ Note ♡

♡ 🕐 Time Record ♡

	10	20	30	40	50	60
05						
06						
07						
08						
09						
10						
11						
12						
13						
14						
15						
16						
17						
18						
19						
20						
21						
22						
23						
24						
01						
02						
03						
04						

♡ Date ♡

/ ( )

♡ Memo ♡

♡ To-Do List ♡

♡ 🕐 Time Record ♡

	10	20	30	40	50	60
05						
06						
07						
08						
09						
10						
11						
12						
13						
14						
15						
16						
17						
18						
19						
20						
21						
22						
23						
24						
01						
02						
03						
04						

♡ Note ♡

♡ Date ♡

/　　（　　）

♡ Memo ♡

h　　　　*min*

♡ 🕐 Time Record ♡

	10	20	30	40	50	60
05						
06						
07						
08						
09						
10						
11						
12						
13						
14						
15						
16						
17						
18						
19						
20						
21						
22						
23						
24						
01						
02						
03						
04						

♡ To-Do List ♡

♡ Note ♡

♡ Date ♡

/ ( )

♡ Memo ♡

h   min

♡ 🕐 Time Record ♡

	10	20	30	40	50	60
05						
06						
07						
08						
09						
10						
11						
12						
13						
14						
15						
16						
17						
18						
19						
20						
21						
22						
23						
24						
01						
02						
03						
04						

♡ To-Do List ♡

♡ Note ♡

♡ Date ♡

/ ( )

♡ Memo ♡

♡ To-Do List ♡

♡ Note ♡

h   min

♡ 🕐 Time Record ♡

	10	20	30	40	50	60
05						
06						
07						
08						
09						
10						
11						
12						
13						
14						
15						
16						
17						
18						
19						
20						
21						
22						
23						
24						
01						
02						
03						
04						

♡ Date ♡

/ ( )

♡ Memo ♡

h *min*

♡ To-Do List ♡

♡ 🕐 Time Record ♡

	10	20	30	40	50	60
05						
06						
07						
08						
09						
10						
11						
12						
13						
14						
15						
16						
17						
18						
19						
20						
21						
22						
23						
24						
01						
02						
03						
04						

♡ Note ♡

♡ Date ♡

/   (   )

♡ Memo ♡

h   min

♡ 🕐 Time Record ♡

	10	20	30	40	50	60
05						
06						
07						
08						
09						
10						
11						
12						
13						
14						
15						
16						
17						
18						
19						
20						
21						
22						
23						
24						
01						
02						
03						
04						

♡ To-Do List ♡

♡ Note ♡

♡ Date ♡

/　　(　　)

♡ Memo ♡

h　　　*min*

♡ To-Do List ♡

♡ Note ♡

♡ 🕐 Time Record ♡

	10	20	30	40	50	60
05						
06						
07						
08						
09						
10						
11						
12						
13						
14						
15						
16						
17						
18						
19						
20						
21						
22						
23						
24						
01						
02						
03						
04						

♡ Date ♡

/　　（　　）

♡ Memo ♡

h　　　*min*

♡ Time Record ♡

	10	20	30	40	50	60
05						
06						
07						
08						
09						
10						
11						
12						
13						
14						
15						
16						
17						
18						
19						
20						
21						
22						
23						
24						
01						
02						
03						
04						

♡ To-Do List ♡

♡ Note ♡

♡ Date ♡

/ ( )

♡ Memo ♡

h *min*

♡ To-Do List ♡

♡ 🕐 Time Record ♡

	10	20	30	40	50	60
05						
06						
07						
08						
09						
10						
11						
12						
13						
14						
15						
16						
17						
18						
19						
20						
21						
22						
23						
24						
01						
02						
03						
04						

♡ Note ♡

♡ Date ♡

/ ( )

♡ Memo ♡

♡ To-Do List ♡

♡ Note ♡

h   min

♡ 🕐 Time Record ♡

	10	20	30	40	50	60
05						
06						
07						
08						
09						
10						
11						
12						
13						
14						
15						
16						
17						
18						
19						
20						
21						
22						
23						
24						
01						
02						
03						
04						

♡ Date ♡

/ ( )

♡ Memo ♡

h   *min*

♡ 🕐 Time Record ♡

	10	20	30	40	50	60
05						
06						
07						
08						
09						
10						
11						
12						
13						
14						
15						
16						
17						
18						
19						
20						
21						
22						
23						
24						
01						
02						
03						
04						

♡ To-Do List ♡

♡ Note ♡

♡ Date ♡

/ ( )

♡ Memo ♡

h　　　*min*

♡ 🕐 Time Record ♡

	10	20	30	40	50	60
05						
06						
07						
08						
09						
10						
11						
12						
13						
14						
15						
16						
17						
18						
19						
20						
21						
22						
23						
24						
01						
02						
03						
04						

♡ To-Do List ♡

♡ Note ♡

♡ Date ♡

/ ( )

♡ Memo ♡

h *min*

♡ To-Do List ♡

♡ 🕐 Time Record ♡

	10	20	30	40	50	60
05						
06						
07						
08						
09						
10						
11						
12						
13						
14						
15						
16						
17						
18						
19						
20						
21						
22						
23						
24						
01						
02						
03						
04						

♡ Note ♡

♡ Date ♡

/ ( )

♡ Memo ♡

h   min

♡ 🕐 Time Record ♡

♡ To-Do List ♡

	10	20	30	40	50	60
05						
06						
07						
08						
09						
10						
11						
12						
13						
14						
15						
16						
17						
18						
19						
20						
21						
22						
23						
24						
01						
02						
03						
04						

♡ Note ♡

♡ Date ♡

/ ( )

♡ Memo ♡

h min

♡ 🕐 Time Record ♡

	10	20	30	40	50	60
05						
06						
07						
08						
09						
10						
11						
12						
13						
14						
15						
16						
17						
18						
19						
20						
21						
22						
23						
24						
01						
02						
03						
04						

♡ To-Do List ♡

♡ Note ♡

♡ Date ♡

/ ( )

♡ Memo ♡

h *min*

♡ 🕐 Time Record ♡

	10	20	30	40	50	60
05						
06						
07						
08						
09						
10						
11						
12						
13						
14						
15						
16						
17						
18						
19						
20						
21						
22						
23						
24						
01						
02						
03						
04						

♡ To-Do List ♡

♡ Note ♡

♡ Date ♡

/ ( )

♡ Memo ♡

h   *min*

♡ 🕐 Time Record ♡

	10	20	30	40	50	60
05						
06						
07						
08						
09						
10						
11						
12						
13						
14						
15						
16						
17						
18						
19						
20						
21						
22						
23						
24						
01						
02						
03						
04						

♡ To-Do List ♡

♡ Note ♡

♡ Date ♡

/ ( )

♡ Memo ♡

h *min*

♡ To-Do List ♡

♡ 🕐 Time Record ♡

	10	20	30	40	50	60
05						
06						
07						
08						
09						
10						
11						
12						
13						
14						
15						
16						
17						
18						
19						
20						
21						
22						
23						
24						
01						
02						
03						
04						

♡ Note ♡